JN245889

脳科学的
に正しい!

子どもの

非認知能力
を育てる
17の習慣

脳科学者
西剛志 著
アベナオミ 漫画

あさ出版

プロローグ

お子さんの非認知能力、育ててますか？

兄妹とは
言っても
それぞれ
タイプの違う
3人の人間
長男は
大丈夫
だったし
次男も同じ
だろうな
長男の経験値
この発表会に
出てみない？
お兄ちゃんも
出るよ!!
ピアノコンサート
と思って対応すると
ムリだし
ヤダじゃん
ナゼェ…

末っ子モナカの
対応にも日々悩みが多く
お外行く!!
おでかけする!!
公園!!
大きい公園!!
ええ…
私…超インドア派幼児
だったから…
外に行きたく
ないなぁ〜
5歳のアベ
自分の娘の
外に行きたい
感覚がわからない…
ハイハイ
ちょっと
外行こうね
うん
自分の子どもだからって
自分の子ども時代と
同じとは
思ってないけどさ
タイプが
違いすぎて
本当に悩む…
読んだ育児本は
数知れず
捨てて
みる

1人目の育児経験は
2人目には通用しないし
夫
上2人の経験は
末っ子には通用しないよね
怒ったり叱ったり
ホント毎日
大変だよ
毎日大変
ですよねー
わかる
わかる
え!? あの!?
どなたですか!?
いつの間に!?
あっ!!
あやしい者では
ございません!!
脳科学者の
西剛志
です

あやしぃ…
確実にあやしいと思ってるな…
アベさんたちの子育てのお悩みにお答えすべく参上したんですよ
アベさんと夫さんはお子さんたちにどんな大人になってほしいと願ってますか？
えっ⁉なんだろう…社会のルールを守る大人？
社会に貢献できる大人？
自立した生活のできる大人かな…
それぞれ3人が自分の特性に合った仕事を見つけることができて
寿司
経済的に自立した充実した人生を歩む大人になってくれたらな…と思います

でも毎日忙しい中で
どう子育てすれば
そう育つのか…
今のままだと
子育てそのものに
自信ないです
今の子育ての悩みを小さくし
幸せな大人に育つよう
この本を
まるっと
読んでね!!
お子さんの
非認知能力を
育てていきましょう!!
非認知能力
?
?
?
?

西先生…そもそも非認知能力ってなんですか？
教えてください!!
これまで200以上の幼稚園や教育機関に携わる中で
大事なことが見えてきました
それが非認知能力の6つのチカラです!!
自信（自己肯定感）
やる気 好奇心（内発的動機）
創造力（発想力）
セルフコントロール力（自制心）
レジリエンス（困難を乗り越える力）
コミュニケーション力（共感力）
お〜!! なんかすごそう
でも大変そう…

そんなことはありません
日々の生活の中でお子さんとの接し方をほんの少し変えるだけでいいんです!!
ちょっとだけ!!
信じてない
えーっ本当ですか?
世界中の研究結果を調べ実践してきたものばかりなので科学的な裏付けもバッチリです!!
子育てがもっとラクになりお子さんの生きるチカラがぐんぐん育つ方法を
マンガとエビデンスで楽しく紹介していきますよ!!
夫婦でしっかり勉強させていただきます!!

- 子どもの言葉を繰り返して確認する習慣がある
- 「これをやったら友だちや親がどう思うか？」よく伝える
- 夜10時には就寝させる
- 「これ買いたい！」と言われても100%グッと我慢できる
- ごほうびをあげなくても子どもがやる気になるコツがある
- 「あの子はすごいね！」と子どもの前で言わない
- モノよりも新しい体験にお金をかけるのが好き

あなたはどこに該当しますか？

0点～4点：見習いレベル
5点～8点：初級レベル
9点～12点：中級レベル
13点～16点：プロ上級レベル

本書を読み終え、1カ月たって振り返ってみましょう！
後は気づいたときにチェックするのでOKです。

※夫婦間や家族などの第三者にチェックしてもらってもOKです。

1分でデキる！ 非認知能力子育て度チェック

読む前に答えてみましょう！

□ 点／16点

何個チェックがつくか、数えてみてください。
チェックがついた個数が点数となります。
（確実でなかったり、あやしいな…という場合は、チェックしないでください）

- ☑「上手にできたね！」ではなく「今回は上手にできたね！」とほめる
- ☑子どもが失敗したときに「やる気が出る言葉」を知っている
- ☑1日にあったいいことをいくつも思い出す習慣がある
- ☑お手伝いをよくさせる
- ☑音楽を家に流して気分転換することが多い
- ☑緑が家のあちこちに置いてある
- ☑スマホや動画を見ながらの「ながら食べ」は家族でしないようにしている
- ☑思い出の写真を自宅に飾るのが好き
- ☑命令しなくても子どもが動いてくれる方法がある

CONTENTS

第1章 ほめる

第2章 傾聴する

第3章 命令はやめて問いかける

第4章 痛みを知る

第5章 体験する

第6章 子どもにまかせる

【作画協力】
菅原茉由美
ミキ
YUME

【構成】
宮田文郎

【本文デザイン・DTP】
辻井知（SOMEHOW）

第1章

ほめる

習慣01

ほめ方の基本は「努力」をほめる！

本もネット記事もたくさんあった…

なるほど!!
では
どんなときに
どんなふうに
ほめていますか？
え？
どんなふうにって
普通ですよ
たとえば…
お母さーん
テスト
返ってきたよ
算数98点じゃん!!
すごくいい点
取れたね!!
えらい!!
えらい!!
ピピーッ
ストーップ!!
ええ!?
これのどこが
ダメなんですか!?
ちゃんとほめて
ますよ？
ほめているんですが
ほめるポイントが
NGなんです
ほめポイント？
ほめポイント
?

アベさんがほめていたポイントは
98点だったね
いい点取れた
点が取れたという結果子どもの「能力」です
テストの点をほめてもらえた
非認知能力を育てるために必要なほめポイントは
努力
能力
「努力」をほめるコト!!
たとえばこんなほめ方をしましょう
算数のテストこの点が取れたのは勉強を毎日頑張ったからだね!!
頑張りをほめる!!

うーん　西先生!!
努力の先に結果があるので
能力をほめれば一石二鳥ではないいんですか?
たしかに…努力も能力もどっちもほめてほしいな…
○○ちゃんは頭がいいわね!!
もっと
絵が上手ね!!天才だ!!
ウレシイ!!
たくさんほめて!!
すごい!!
能力ばかりほめられていると子どもはこんな状態になります
もっとほめてもらいたいので…
すごいって言われたい!!
失敗しないことだけをしよう!!
簡単な問題だけ～♡
能力をほめるとほめられるために
難しいことにチャレンジしなくなってしまうという研究結果が出ているんですよ

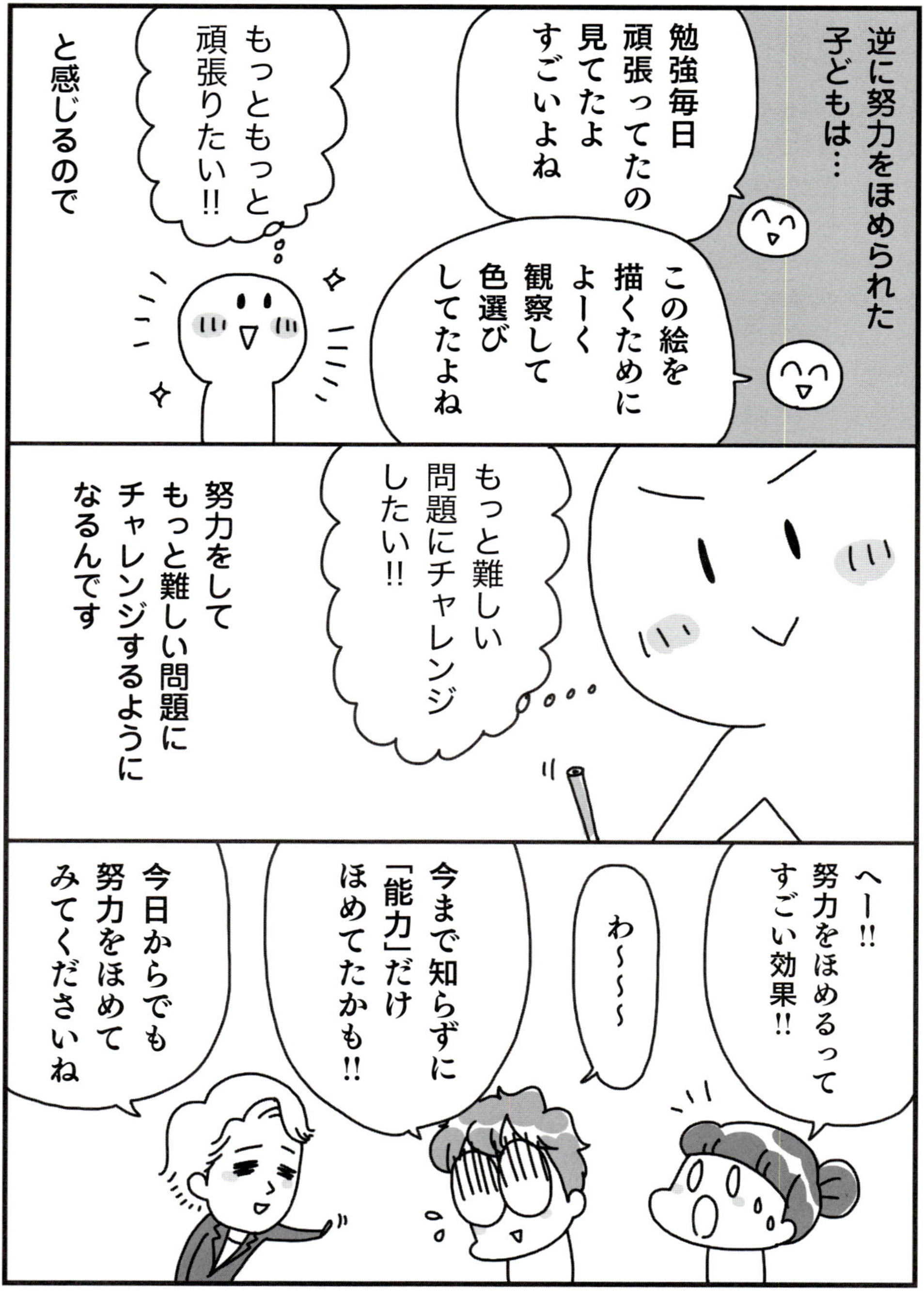
逆に努力をほめられた子どもは…
勉強毎日頑張ってたの見てたよすごいよね
この絵を描くためによーく観察して色選びしてたよね
もっともっと頑張りたい!!
と感じるので
もっと難しい問題にチャレンジしたい!!
努力をしてもっと難しい問題にチャレンジするようになるんです
へー!!努力をほめるってすごい効果!!
わ〜〜〜
今まで知らずに「能力」だけほめてたかも!!
今日からでも努力をほめてみてくださいね

専門用語で
「困難を乗り越える力」を
レジリエンス
と呼びます
レジリエンス？
「レジリエンス」は
子どもが大人になり
自立したり成功したりする
ために大切な力です
困難を乗り越える!!
上手にほめて
レジリエンスを
育てましょう!!
今日から
努力を
めっちゃほめて
子育てします!!
努力色メガネ
努力
努力

努力をほめてレジリエンスを育てよう

ほめると子どもが消極的になる？

日々の子育ての中で、「よくやったね」「素敵だね」「すごいね」とお子さんをほめたくなるシーンは数えきれないほどたくさんあることでしょう。

実際に親の85％が子どもをほめることは大切だと信じているようです。

私は全国の幼稚園や小学校などで保護者向けの講演を行っていますが、最近の親御さんはとにかくよくほめる人が多いように感じます。

しかし、海外の数々の研究を中心に、最近では**「ほめるだけの教育」には意外な落とし穴があることがわかってきました**。

特に有名なのが、スタンフォード大学のほめる実験です。

研究者は、10～12歳の子どもにパズルを解いてもらい、2つのグループに分けました。

①ほめるグループ（点数を伝える＋ほめる）
②ほめないグループ（点数を伝えるだけ）

ちなみに、ほめるグループには、こんな言葉でほめました。

「こんなにパズルが解けたのは、頭がいい証拠だ（すごいね！）」

すると、子どもたちに面白い変化が起きました。

ほめるグループは、やさしい問題ばかり選んで、難しい問題にチャレンジしなくなってしまったのです。むしろ、ほめないグループのほうが難しい問題に挑戦する子が多くなりました。私もはじめて聞いたときは驚きましたし、にわかには信じられませんでした。しかし、何度やっても結果は同じでした。

なぜ、こんなことが起きるのでしょうか？

その理由は**「頭がいいね」とほめられると、「頭がいい自分でいたい」と子どもが思ってしまうため、失敗を極度に恐れるようになる**からです。

新しいことにチャレンジして失敗したら、それは自分＝「頭がよくない」ことになってしまいます。だから、子どもは、「頭がいい」ことをキープするために、できる問題ばかりをやって、難しいことにチャレンジしなくなってしまったのです。

普段の生活で、「すごいね、すごいね」と才能や能力をほめると、自己肯定感が高まるように思えるかもしれません。

しかし、それはやさしいことしかやらない「偽りの自己肯定感」を育ててしまうことになりかねません。本来のやる気（内発的動機）や困難を乗り越える力が失われてしまい、逆効果になってしまいます。

ほめ方ひとつで子どもの能力は変わる

ここまでお話しすると、かなりショックを受ける方も多いかもしれません。実際に講演会でもこの事実をお話しすると、たまに立ち直れなくなるほど落ち込んでしまう保護者もいらっしゃいます。

ただし、このほめる実験には、続きがあります。

能力ではなく、ほかの点をほめられたグループが存在していたのです。

それが「**努力をほめるグループ**」でした。

「こんなにできたのは、努力した証拠だね（すごいね！）」

研究者たちがそう伝えると、なんと多くの子どもが難問にチャレンジするようになりました。

たとえば、勉強やスポーツでよい結果を出したとき、

「こんな成績が取れたのは、一生懸命努力してきたからだね！」

「いつも頑張ってるね。感心するよ」

と伝えられたら、どんな気持ちになるでしょうか？

私たちは努力をほめられると、脳の報酬系《ほうしゅうけい》（線状体《せんじょうたい》）が活性化して、やる気の脳内物質であるドーパミンが分泌されます。**報酬系は脳の奥にあるため、内側からやる気が湧いてくるような状態になります**。それが、**困難を乗り越える力（レジリエンス）を育むことにつながる**のです。

私もこれまで17年ほどうまくいく人を研究してきましたが、やることすべて100％うまくいく人はこの地球上で一人もいませんでした。

うまくいかなかったとしても、チャレンジして乗り越えていき、小さなことでもコツコツ努力していく人は、収入も高く、健康的で、社会的な活動も活発だという報告もあります。

結果はどうであれ、最後まであきらめずに行動したこと、毎日練習していること、先生の話をよく聞こうとしていること、お絵描きでキレイな色を選ぼうとした気持ちなど、どんな小さな努力（意欲）もほめてあげることが大切です。

また、電車で静かに過ごせた、公園でお友だちに順番を譲ってあげるような**人のために行った行為をほめることは、セルフコントロール力や共感力といった能力を伸ばす**ことにもつながります。

●ほめる習慣は年齢によっても変わる

ちなみに努力をほめることは、何歳くらいから大切なのでしょうか？

意外で驚かれるかもしれませんが、もっとも早い年齢は1〜3歳です。

努力をほめられた14〜38カ月の子どもたちは、小学校2〜3年生になってチャレンジ精神が高くなり、さらに4年生になったときには算数の力と読解力まで高くなったのです。

また、**5〜6歳の子どもが挫折したときは、能力よりも努力をほめたほうが、子どもがより粘り強くなる**傾向もありました。

平均して9歳頃には能力と努力の区別を明確にできるようになりますが、小さい頃から努力をほめることには大きな効果があるようです。

お子さんが1歳未満のうちは、能力と努力は関係なく、できたことに反応してあげたり、ほめてあげることは大切です。子どもがスプーンを持ったり、立って歩いたりと新しいことを習得する乳幼児の時期は、能力をほめても応援されていると感じるため、どんな言葉でもプラスに働く可能性があります。

就学前に「頑張ってよくやったね」といった温かい言葉をかけられ、愛情をたっぷり受けて育った子どもは、脳で記憶を司る海馬の発達スピードが2倍早まるということも報告されています。

また、**小学校に上がってからよりも就学前にたっぷり愛情をかけて育った子どもは、思春期になってからの感情コントロール力まで高まる**ようです。

ただし、小学生以上になると、ほめ方とほめる頻度には特に注意が必要です。

4歳児や5歳児は、ほめられた回数が多いほど評価されていると感じやすいのですが、小学校に上がってから、むやみにほめると効果が下がってしまう傾向があるからです。

これは脳が発達するにつれて、ほめられることに慣れが生じ、ほめ言葉を素直に受け取ってもらえなくなることに原因があります。専門用語で「**ハンフレイズ効果**」と言いますが、いつもほめられる環境にあると脳がそれを当たり前のことだと認識して、ほめられても行動が強化されなくなるのです。

さらに、小学生以上になって簡単なことをほめられると、ほめた人の能力を低く評価するようになることもわかっています。能力が低い人から「〇〇さんはすごいね！」とほめられても、あまり嬉しくありませんよね。

簡単なことばかりほめてしまうと、ほめ言葉の効果が失われてしまうのです。

ですので、小学校の、特に高学年以降のお子さんの場合は、いつほめられるのかわからない状況でほめるほうが効果的です。カウンターパンチのように「ここぞ」というタイミングを見計らってほめるようにしましょう。

「能力がすごい！」という言葉は、裏を返せば「あなたはすごい力をずっと維持できる」という大きな無言のプレッシャー（過剰な期待）となります。

一方で、「**この成果は努力したからだね**」**という言葉はプレッシャーではなく、**「**努力で能力**

はどこまでも伸びる、人の能力はコントロールできて、最終的にその人次第だ」という子どもを支援するメッセージを伝えることができます。

「能力は努力で伸ばせる」と信じている中学生は成績も伸び、粘り強く努力する小学生は先生や周りからのサポートを受けやすく、より才能が伸びやすくなることが研究からもわかっています。

小さい頃から努力を効果的にほめる習慣に取り組んでいきましょう。

「おしい!!」は魔法のほめ言葉

今日のテスト
あんまり
いい点じゃ
なかった…
かけっこ
1番に
なれなかった…
頑張ったのに
本人たちは
頑張ったのに
願っていた
結果(能力)が
出せなかったとき
ってありますよね
たとえば先日長男の
ピアノのコンクールが
あったんですが…
第〇回 〇〇ピアノコンクール本選会
パチパチ
パチパチ
パチパチ
パチパチ
金賞
銀賞
銅賞
力およばず
銅賞で…
練習頑張ったから
銅賞取れたね!!
レッスンも
大変だったけど
頑張ったじゃん!!
オレはさぁ
金賞を
取りたかったの!!

努力をほめても
もうすねちゃって…
こんなときは
どうすれば
ベストなん
でしょう
いや〜
ゴキゲン
直るのに
時間かかった〜
そんなときの
魔法の言葉が
ありますよ!!
おしい!!
おしかったね!!
あ〜〜!! あと少しだったね〜!!
です!!
あ〜もう
ギリギリだった!!
「おしい!!」という
言葉で子どもは
オレの努力は
ムダじゃなかった
もう少し
頑張りが
足りなかったんだ
やる気が湧きます
銅

「おしい!!」
たしかに「おしい!!」って言われるとガッカリ感が小さくなる
まさに魔法の言葉ですね
OSHI〜!
でも子どもによっては
○○を頑張ったね
「ほめられる」こと自体が苦手な子もいますよね
いやいやいや!! やめてー!!
そのタイプの子は「おしい!!」って言っても逆に落ち込んじゃいそうですよね
おしい!!
どうせボクなんて
親がほめても受けとめられないタイプの子どもは第三者を通じてほめると効果的な場合もあるので
ほめほめ
親
詳しくは続くページで解説してます
その子にとって最適なほめ方を親は見つけてあげたいですね
なるほど〜

いろいろある！ 効果的な「ほめ方」

「おしい!!」はチャレンジする心や自己肯定感を高める

1～3歳以降は努力をほめるのが、ほめ方の基本となりますが、一筋縄ではいかないのが子育てというもの。

「こんなときはどうすればいいの？」と対応に困ってしまう場面や、工夫が必要な場面に出くわすこともあるかもしれません。そこで、ほめ方の基本も踏まえたうえで、身につけておくと役に立つ応用パターンをいくつか紹介します。

まずは、マンガで紹介した「**おしい!!**」からです。

「ほめる」は、何かしらの成功があって、それを「ほめる」となりますが、必ずしもみんな成功できるわけではありません。ただ、失敗したからといってそれまでの努力が賞賛に値しないなんてことはありません。

実は数々の研究からも、子どもが失敗したときに、周りがどう声をかけるかで、自己肯定感ややる気、セルフコントロール力の向上などにも大きな影響をおよぼすことがわかってきています。

このとき、ほめ言葉として大きな力を発揮するのが、「おしい!!」の3文字です。

幼稚園や保育園の先生でも、スポーツのコーチでも、**子どものやる気を引き出すのが上手な人は、この魔法のほめ言葉「おしい!!」を上手に使いこなしています**。

「おしい!!」には失敗で落ち込んでいる子どものやる気を高める魔法のような力があります。なぜなら**「できなかった」という事実は認める一方で、「だけどもうちょっとやったらできるよ」というメッセージを同時に送れるからです**。

想像してみてください。みなさんもご自分が失敗したときに「おしい!!」と声をかけられると「もうちょっとだな」「頑張ってみようかな」と思えてきませんか？

「大丈夫」や「できるよ」といった応援する言葉が浮かぶ人もいるかもしれませんが、これらの言葉からは「おしい!!」に含まれる「もうちょっと」といったニュアンスが伝わってきません。

なお、こうした場面で**絶対に避けてほしいのが、「なんでできなかったの？」などと原因を追及する言葉がけ**です。

この言葉がけは、子どもに痛みしか与えません。特に自己肯定感が低い子の場合は、ただでさえ凹んでいる心に追い打ちをかけるようなものです。

●素直に受け取れない子は第三者の言葉としてほめよう

ちなみに、ほめ言葉をかけられたときに、すべてのお子さんが素直に喜ぶとはかぎりません。これは自分に自信が持てない子にありがちな反応ですが「別にそんなことないよ」と否定する子や、あまり嬉しくなさそうな子も中にはいます。

ここで無理に「いや、すごいよ」とさらにほめようとするのは逆効果。ほめ効果が低下してしまいます。


こんなときは直接ほめるのはやめて、第三者に登場してもらうのがおすすめです。

「パパ（ママ）が一人でお着替えできてすごいって言ってたよ」

「先生が一生懸命に取り組んでくれるって感心してたよ」

などと、自分以外の人（第三者）の言葉を介して間接的にほめるというわけです。

こうすれば、さっきまで身構えていた子でも言葉を受け取りやすくなります。

これはウィンザー効果（サードパーソン効果）と呼ばれるもので、当事者からの情報よりも第三者からの情報のほうが信憑性が高く思えるからです。


このほめ方は「ほめる」ことに慣れていないご家庭にもおすすめです。

これまであまりほめてこなかった親が、急にほめるようになると、子どもが
「嘘をついてるんじゃないの？」

「何か裏があるんじゃないの？」

とあやしがるのは十分に考えられます。

いつも厳しいことばかり言ってくる先生が、いきなりほめはじめたらちょっと怖いですよね。

このように、**いきなりほめられることで生まれる警戒心を解くためにも、第三者を使ってほめる手は有効です**。

この本を手にしてさっそくお子さんをほめてみたけれど微妙な反応しか得られないという方は、ぜひこの方法を試してみてください。

ほめてオーラを醸し出す子には

ほめられるのが苦手な子とは対照的に「ほめて」オーラを醸し出す子もいます。

最近の子どもは、特にこのタイプが多いようです。

「ぼく、こんなことできるんだよ！」

「私、こんなすごい絵を描いたの！」

とほめてオーラを全開にしながら駆け寄ってくる姿はかわいくもありますが、対応には少し気をつけなければいけません。

勉強やスポーツにしろ、お手伝いにしろ、遊びにしろ、ほめてオーラを発している子が求めているのは、自分ではなく他者からの評価です。

自信満々に見えて、実際は周りからどう評価されるかを気にしているんですね。**内側から起こるやる気でなく、外側からのやる気（外発的動機）が大きく発達している状況**です。残念なことに、このままでは人から評価されないと動かない大人になってしまう恐れがあります。

では、どのように接するのがいいのでしょうか。

このようなときは、**ほめ言葉をグッと飲み込み、「あなたはどう思うの？」と問いかけてみ**

ほかにもまだある脳科学的「ほめ方」

- 「上手に描けたね」ではなく**「今回は上手に描けたね」と限定して伝える**。
- 「〇〇して本当に楽しかったね！」と**子どもが感じた気持ち（意欲）をほめる**
- 「ほかの子よりもうまくできたね」などと**人と比較してほめない**
- 「あの子は天才だね」という言葉を**子どもの前で言わない**
- 努力しなくても自然にできていること（計算や笑顔など）は**絶対にほめない**（特に男の子）。

てください。

自分自身はどう思ったのかを聞いてみると、それまで他者評価を欲しがっていた子が、自分を振り返って自己評価をすることになります。

すると、これまでは単に「自分はすごい」で終わっていたことが、**自分の気持ちの動きや楽しさ、どうしたらもっとうまくいくかといったことについて深く考えるようになり、その結果、自分を自分で評価できる人間へと、成長を促す**ことができます。

ほめてオーラを感じたときは、自己評価を促す質問を！

ぜひ試してみてください！

習慣03

報酬はいつもサプライズで！

ごほうびのどこがダメなんですか？
Ok
「努力をほめる」
ピアノの練習が終わった
NG?
結果や成果に「ごほうび」をあげる
「努力」をほめるのと同じ効果がありそうじゃないですか？
実は「ごほうび」は内発的動機を下げるという研究結果がでているんです
モナカちゃんごほうびなくてもピアノやらない？
イヤ!!
内発的動機《ないはつてきどうき》？
内発的動機とは？
内面から湧き起こるやる気のことで知りたい・やりたいという自発的な意欲
たとえばモナカちゃんが
ピアノが楽しい!!
もっと弾きたい!!
という気持ちで時間も気にせずピアノを練習しているときは内発的動機が高い状態です

しかしそこに「ごほうび」が出現すると…
15分練習したらね!!
ごほうび
!
練習して「ごほうび」が欲しい!!
「ごほうび」をゲットすることが練習の目的になってしまい…
ピアノが楽しい
ポイーン
もっといろんな曲を弾きたい
たくさん弾きたい
内発的動機はどんどん飛んでいき
ごほうび
ごほうび
ごほうび
よし!!15分たった!!
パパ!!15分ちゃんと練習したよ!!ごほうび!!
はーい
もっと上手になりたいなどの気持ちがなくなってしまいます

ヤバイ!!
「ごほうび」ってダメじゃないですか!?もうあげちゃダメだ!!
で…でも大人だって「ごほうび」ないと頑張れない…
どうすれば…
「ごほうび」はサプライズであげましょう
サプライズ!!
ふだんから子どもがほしいと思っているモノをリサーチしておいて
これほしいなぁ～いいな～
今日は買わないよ～
メモ
メモ
結果はどうあれ「努力」したときにサプライズでプレゼントするととても効果的です!!
ピアノの発表会よくがんばったね
毎日練習がんばったね
「ごほうび」も使い方次第でよい効果を発揮しますよ!!

ごほうびは努力とサプライズを意識しよう

●ごほうびが目的になった途端にやる気は失われる

馬の鼻先にニンジンをぶら下げるように、「これをやったらごほうびね」と報酬をちらつかせる……子どものやる気を高めるためについやってしまいがちですが、実はこれ要注意な行為です。

1970年代のはじめにアメリカで行われた有名な研究があります。

この研究では、学生にパズルを解いてもらい、ごほうびがどんな影響をもたらすかを調べました。

学生にはまず、ソーマキューブという当時人気だったパズルにチャレンジしてもらいます。

みんな夢中になってパズルに取り組み、休憩時間になっても、多くの学生がやめようとしま

ソーマキューブ

形の異なる7つのピースを組み合わせてさまざまな立体を作って遊ぶ知育パズル。幼児から大人まで楽しめる。

せんでした（つまり、やる気が高い状態です）。

そんな学生たちのやる気をさらに高めるため、研究者は次に「パズルが解けたら1ドル（報酬＝ごほうび）をあげるよ」と伝えました。

学生たちはこれまでと同様に一生懸命パズルに取り組みましたが、ただパズルが終わって休憩時間を迎えたら、今度は周りの子と話をしたり、本を読み出したりと、それまで熱心に解いていたパズルには見向きもしなくなってしまったのです。

原因は、言うまでもなくごほうびでした。

それまで学生たちはパズルを純粋に楽しんでいたのに、「1ドルをあげる」と言われた瞬間から目的が報酬にすり替わってしまったのです。

その結果、休憩時間もパズルを解き続けたいという学生たちのやる気（内発的動機）が失われてしまったわけです。

このように、**報酬を与えることでやる気が低下してしまうことを、アンダーマイニング効果**と呼んでいます。

趣味を仕事にしたら、楽しくなくなってしまう人がいますが、これは楽しかったことに対してお金をもらうと、アンダーマイニング効果でやる気が低下してしまうからです（ちなみにお金のためでなく人のために仕事をする人には、アンダーマイニング効果は起きにくくなります）。

ごほうびが子どもの将来に悪い影響をおよぼすという研究結果もあります。

２０２１年に、独立行政法人経済産業研究所と同志社大学が、１０３７名を対象に子どもの頃、勉強や運動でいい成績を残したときに、親からどんな対応をされていたのかを調べました。

すると、子どもが受けた対応は3種類ありました。

①ごほうびをもらっていたグループ
②「頑張ったね」と努力を評価されていたグループ
③「すごいね」と結果を評価されていたグループ

子どもの頃に、①「ごほうびをもらっていたグループ」は、大人になって安心感や計画を立てて実行する力、法令遵守（法律や規則など、定められたルールを守ること）といった非認知能力のスコアがすべて最下位になっていました。一方で、**もっともよい結果が出たのは「努力をほめられたグループ」**でした。

親たちも「よかれと思ってあげたごほうびが、子どもたちの未来にマイナスな影響を与える」なんて、思ってもみなかったことかもしれませんが、大人になってからの非認知能力に影響が出てしまうようなのです。

ごほうびのポイントは努力とサプライズ

とはいえごほうびが、必ずしも悪い影響ばかりもたらすとは限りません。研究によってやる気を高めることがわかっているごほうびのあげ方も存在します。

ひとつは、ほめることと同じで、**成果や結果ではなく努力に対してごほうびを与えること**です。「テストでいい点を取ったからごほうび」ではなく、「テストでいい点を取るために頑張ったことにごほうび」をあげるわけです。そのほうが子どものやる気や困難を乗り越える力であるレジリエンスを育てることができます。

また、**モノではなく、思い出に残るごほうびをあげる**という手もあります。

旅行にでかけたり、遊園地に行ったり、おいしいものを食べたりといった体験は、子どもの長期的な幸福度を高めることが研究でもわかっています。

家族との楽しい記憶は、計画性や協調性といったそのほかの非認知能力の向上にも役立ちますので、同じお金をかけるのならば、形に残らないごほうびを検討してみるのもおすすめです。

そして、最後はマンガでも紹介した**サプライズのごほうび**です。**人は予期しない状況でごほうびをもらったとき、やる気がグンと高まります**。

サプライズのごほうびとして有名なのがFacebook（現在はMeta）の創業者マーク・ザッカーバーグの話です。

幼い頃マークは父親に、「バスケットボールを買って欲しい」と頼んだことがあったそうです。「みんながやってるからやりたい！」と欲しい理由も伝えましたが、「それじゃ、理由にならない」ということであえなく却下されてしまいました。

またある日のこと。

父親と一緒にテレビでフェンシングを見ているうちに、マークは自分もフェンシングがやってみたいと思いました。

そこで、勇気をもって父親に、

「ぼくもフェンシングをやってみたい！」

「みんながやっているからではなく、強くなりたいから、やってみたいんだ！」

と伝えたそうです。

そのとき父親は「そうか、強くなりたいのか」と言って、返事をしただけでした。

今度も買ってもらうのは無理かなと思っていたマークでしたが……、しかし、ある朝玄関を開けてみると、そこにはフェンシングの道具一式がドンと置かれていたそうです。

このサプライズのプレゼントにマークは大喜び。その後、ハイスクールでフェンシング部のキャプテンを務めるほど、フェンシングに打ち込んだと言います。

子どもにすぐにモノを買ってあげることは、自分で自分をコントロールする力（自制心／セルフコントロール力）を失わせます。

しかも、**セルフコントロール力が高い子ほど、大人になって高い社会的地位と所得を得ているということもわかってきています。**

何かをねだられてもその場では買い与えず、後日、プレゼントする。日頃からお子さんが欲しがっているものを覚えておいて、サプライズで渡してみるなんてこともよさそうですね。

第2章

傾聴する

習慣04

話を聴くときはオウム返しで！

えー…いつもこんな感じで子どもと会話しちゃってますが
どこがダメですか？
えっ？
どこが？
会話してるかどうかの前に
子どもの話を聴いてませんよね
ギクゥ
そんな気はしてた
でも先生子どもの話ってどう聴けばいいのか正直わからなくて
あのね
あのね
今のママさんパパさんたちは忙しいので同じ悩みの家庭は多いんですよ

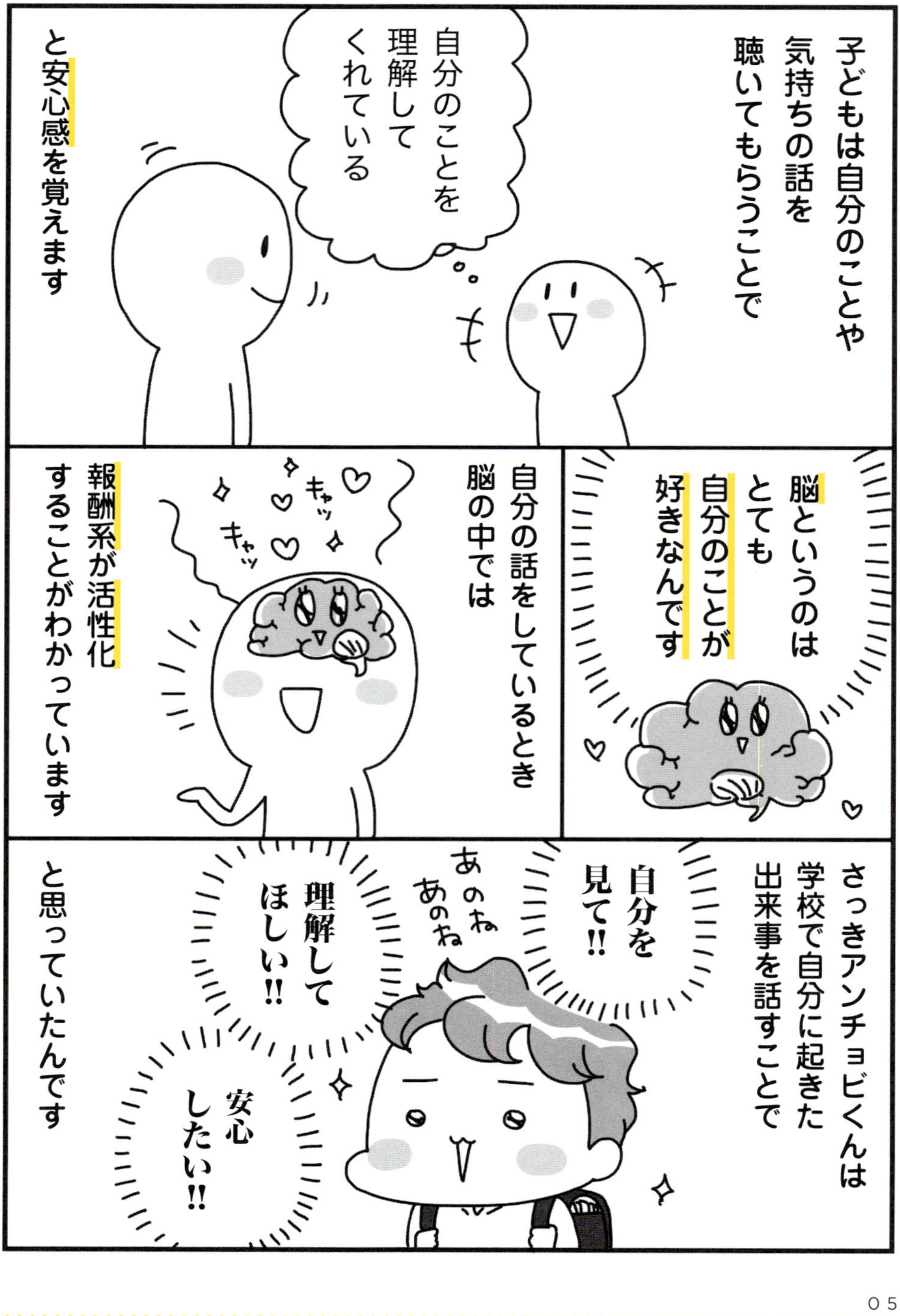

子どもは自分のことや
気持ちの話を
聴いてもらうことで
自分のことを
理解して
くれている
と安心感を覚えます
脳というのは
とても
自分のことが
好きなんです
自分の話をしているとき
脳の中では
キャッ
キャッ
報酬系が活性化
することがわかっています
さっきアンチョビくんは
学校で自分に起きた
出来事を話すことで
自分を
見て!!
あのね
あのね
理解して
ほしい!!
安心
したい!!
と思っていたんです

なるほど…よくわかったんですが
子どもの話ってどう聴いてあげたらいいのか全然わかりません
コツは
バッサァ
オウム返しです
バッサァ
これは「リフレクティブ・リスニング」と呼ばれるんですが
学校で○○なことがあったの!!
○○なことがあったんだね
こんな感じでオウム返しします
オウム返ししただけで子どもは理解されたと思うんですか!?
思います
オウム返しされることで
ちゃんと聴いてた
確実に自分の話を聴いてくれたとわかるので…

傾聴の基本はリフレクティブ・リスニングとも言われているんですよ
そうなんですね!!
ちなみに子どもだけではなく大人の会話でも効果的です
※よくある我が家の風景
ねえ!! 聴いてるの!?
聴いてるよ〜
特に夫婦の会話に効果バツグンです
キラ キラ
夫婦ゲンカもリフレクティブ・リスニングで
エスカレートさせないのがコツですよ
なんでしょう妙な説得力…
メモメモっと

子どもに安心感を与える リフレクティブ・リスニングを実践しよう

オウム返しは「理解しているよ」というメッセージ

学校や幼稚園、保育園などから帰ってきたお子さんが、楽しかった出来事を話すとき、その表情は生き生きとしていることでしょう。

このような場面は、子どものさまざまな非認知能力を伸ばすとともに、親子の信頼関係を強くする絶好のチャンスです。

このとき、みなさんに実践してほしいのが**リフレクティブ・リスニング**です。

いきなりカタカナで身構えてしまう人もいるかもしれませんが、簡単に言えば「**オウム返し**」です。

つまり、お子さんが話した言葉を

「かけっこでいちばんになったよ」

「**そうなんだ。いちばんになったんだ**」

「ピアノで先生にほめられたよ」

「**そう、先生にほめられたんだ**」

というように、繰り返すだけ。難しいテクニックは一切必要ありません。

リフレクティブ・リスニングは反射的傾聴法とも呼ばれ、学術的にも効果がある聞き方の技術なのです。

この方法がなぜ有効かというと、**私たちの脳は、自分自身に大きな関心があり、自分のことが大好きだからです**。ハーバード大学の研究でも、自分の話をしているときは脳の中の報酬《ほうしゅう》系《けい》（幸福を感じさせる神経）が活性化していることがわかっています。

学校などで楽しかったことを親に話すとき、お子さんが生き生きとしているのはこのため。このときすでにお子さんの脳内は、ドーパミンが分泌されて脳の報酬系が活発になり、快感を覚え、自分から話したいという意欲（内発的動機）が高まった状態となっています。さらに相手が関心を持って話を聴いてくれるのですから、こんなに気持ちいいことはありません。

また、オウム返しの言葉で会話にワンクッションが入るため、「どこで遊んだの？」「誰と遊んだの？」「それ誰だっけ？」などと質問攻めにしてしまうことなく、子どもが次の言葉を考える余裕が生まれ、リラックスして話を続けられるというメリットもあります。

オウム返しが子どもの不安を打ち消す？

オウム返し（リフレクティブ・リスニング）をされると、子どもの脳内では大事なことが起こっています。

オウム返しの言葉がメッセージ代わりになって、**お母さんやお父さんが自分の話をしっかり聴いてくれている、自分のことをちゃんと理解してくれていると、脳が認知する**のです。

このことは子どもに大きな安心感をもたらし、自己肯定感をはじめとしたあらゆる力を伸ばしてくれます。

人に限らず、動物全般の子どもは、大人と比べてマイナスなことにフォーカスする性質が強い傾向があります。これを心理学用語で「**ネガティビティバイアス**」と呼びます。

人間社会だと少し想像しづらいですが、過酷な自然環境の中で生きる動物の小さな子どもにとって、親とはぐれてしまうことは命に関わる一大事です。そのような状況に陥ってしまったら、自ら危険を察知しなければいけません。そのため、マイナスなことへ注意を向ける能力が本能的に備わっているわけです。

このバイアスは親と離れ離れになっている時間が長引くとどんどん強くなっていきます。これと同様なことが親に理解してもらえないときにも起こります。つまり、何かを話しても親が理解してくれない、関心を持ってくれないというときはこのネガティビティバイアスがどんどん増幅されていくのです。

一方で**このバイアスは、親をはじめとした家族や友人など、周囲の信頼できる人と一緒に過ごしているときに弱まります**。

自分のことを理解してくれる親のもとで育った子どもは、理解してくれない親に育てられた子と比べて機嫌がよく、自分をコントロールでき、攻撃行動や社会的孤立、抑うつが少なくなるという報告もあります。

「子どもが言うことを聞いてくれない」と悩んでいるご家庭に限って、オウム返しで話を聴くリフレクティブ・リスニングが不足しているということも少なくありません。ちなみに、子どもと話すときに、子どもの感情を理解していない母親は40％もいるそうです。

ネガティビティバイアスとは？

ネガティビティバイアス

子どもは大人よりマイナスなことにフォーカスする特性が強い

注意　**親が子どもに対して無関心だと増幅される！**

そうしたことから考えると、たとえお子さんの話を聴く余裕がないときであっても、オウム返しのひと手間だけは惜しまないように心がけたいものです。

オウム返しが話の理解を助けてくれる？

また、子どもは興奮して話していると何を言っているかよくわからないことがありますが、そんなときに役立つのが、オウム返しであったりもします。

私はオウム返しをしてもらう実験をよく行っています。

たとえば、私の話を何も反復せずに聴いてもらうグループと、オウム返しをして聴いてもらうグループに分けて、話の理解度をチェックするのもそのひとつです。

私が話す内容は、脳に関することであったり、趣味のことだったり、いろいろですが、少し難しい話でも断然理解してもらえるのは、オウム返しで話を聴くグループでした。

なぜそうなるのかというと、**オウム返しで相手の言葉を口にした瞬間に脳内に言葉のイメージが浮かんで理解を助けてくれるから**です。

子どもの話に耳を傾けるときも同様です。

たとえばアリに興味を持っているお子さんの話を聞いているとしましょう。

その子が
「アリの足がとても細かく動くところが好きなんだ」

と少し興奮気味に説明してくれたときに、

「アリの足が細かく動くのが好きなんだね」

とオウム返しします。するとその言葉を口にした瞬間に、頭の中にはアリの足が細かく動いているイメージが自然と浮かんでくる――。このイメージが、子どもの話す内容や、思い描く世界への理解を助けてくれるというわけです。


お互いが近いイメージを持ちながらの会話なので、当然話は弾みますし、自然の不思議を子どもから教わることも少なくありません。

ただ、自分が知らないアニメやキャラクターのことを熱弁されたときに、軽い気持ちで何度もオウム返しをしていると、子どもはどんどん気持ちよくなり、話が終わらず、なかなか解放してくれなくなることもあります。時と場合によって、うまく使い分けてみましょう。

1日の成功日記をつけてみよう！

アベさん1日の終わりはよかったことを思い出して…
小さな成功を振り返るんです
えっ!!
私が見たのは西先生でした(汗)
子どもも同じで1日のよかったこと楽しかったことを振り返って
ポジティブな気持ちで1日を終えましょうね
は…はい
子どもを寝かしつけるタイミングで
今日の楽しかったことはナニ?
なんて聞いたら目が覚めちゃいそうでイヤなんですが(汗)
ピカーン
夕食を食べているときなど子どもと会話できるタイミングでOKです

よいことにフォーカスして1日を振り返るのはなぜなんでしょう？
『日々の出来事を思い出せる子どもほどメンタルが強くなり問題解決能力に優れていることが多い』
という研究結果があるんです
ほかにも
自信がある人の研究でも
自信
マイナスな出来事が起きたとき
過去の自分のプラスの記憶を思い出そうとする傾向があるんです
よいこと…
楽しかったこと…
うん!!
オレは大丈夫!!
乗り越えられるはずだ!!
ザッパーーン!!
OK!
へー…なるほど…
すぅ…
ぐぅ

翌朝
チュン
チュン
今日は5時限ね
もぐもぐ
おはよ～
昨夜は眠る直前にまぼろしか何かを見たような
なんだっけ
いってらっしゃい
気をつけて～
うーん
仕事中↓
思い出せない
これ何味にする？
なんだっけ
みそかな
ドン
おーい夕食の時間だぞ!!
夕食…あっ!!
夕食のときに1日のよいことの振り返りをしましょう

ねえねえ!!
お母さんと
お父さんに
今日あった
楽しかったこと
教えてよ!!
え!?
ん?
へ?
給食
カレー
だった!!
図書館で
ずっと読みた
かった本が
借りられたよ!!
今日はクラスが
ただただ
平和だったよ
えー!!
じゃあお父さん
も発表しちゃ
おっかなー!!
なに
なにー!?
ポジティブな感情を
アウトプット
することで
得られる効果は
たくさんあるので
毎日コツコツ続けて
みてください

成功日記で自己肯定感を育てよう

小さな成功体験を短時間で振り返るだけでＯＫ

自分がどのような人間なのかというイメージ（自己イメージ）は、過去の体験から生まれています。

たとえば、うまくいったことや楽しいことをいくつも体験してきた人は、「自分はこれからもうまくいくし、人生は楽しいものだ」と自然と思えます。

学校で最初はできなくても、頑張ってできた体験が無数にあったら、「自分は頑張ればできる人なんだ」と思うかもしれません。

同じように、「成功したと思える体験」が少ないと、なかなか自信を持てず、「将来もうまくいかないだろう」「人生には限界がある」と思ってしまいます。

私たちは過去をベースに自分の未来をイメージします。

実際に脳の研究でも未来を考えるときと、過去を考えるときは同じ部分を使っていることがわかっています。

つまり、**過去に成功をたくさん感じるほど、将来に向けた自己肯定感も高まり、人生に対する意欲や好奇心も高まってくる**のです。

そこでみなさんにおすすめしたいのが、小さな成功を振り返る**成功日記**の習慣です。

やり方は簡単です。

その日、家庭や学校、幼稚園、保育園などであった「小さな成功」を5つほど挙げてもらうだけです。

「5つも成功なんてないよ」と思う人もいるかもしれませんが、どんな小さなことでもOKです。

たとえば、私の8歳の息子に伝えたところ、こんな言葉が返ってきました。

「**朝早く起きられた**」

「**学校に行く途中、キレイな花を見つけた**」

「**給食がおいしかった**」

「手をあげて発表ができた」
「友だちに挨拶したら笑顔で返された」
「歯をキレイに磨けた」
「体育でなわとびが（1回でも）多く跳べた」

などなど、5つと言ったのに7つも教えてくれました。

そして、このとき、息子は満面の笑顔で話してくれました。

ポイントは「小さな成功」です。なぜなら、**私たちの幸せは、1回の大きな成功よりも、成功を感じる回数（頻度）のほうが大事なことが私の研究でもわかってきているからです**。

大きな成功は人生に数回あるかないかです。大きな成功をすれば幸せになれますが、成功するまではちっとも幸せではありません。

昔の私も、まさにそうでした。常に大きな成果ばかりを追い求めて、毎日焦りを感じていた時代がありました。「業績が評価されて地位や名誉を得たい」「結果を出して大きなお金を稼ぎたい」など、今思い返すと、あまり幸せでない人間だったかもしれません。

そんな私の人生が変わったのが、30歳のときに宣告された難病でした。

はじめて人生の目的を失ったとき、周りで私を手助けしてくれる家族や、温かい言葉をかけてくれる先生や看護師さん、病室で触れ合う笑顔のお婆ちゃん……、そんな人に囲まれて感謝を感じたとき、驚くほど幸せな気持ちになれたのです。

大きな成功を追い求めているときには感じなかった幸せが手に入ったのです。そして、気づいたら、気持ちも満たされて数年で病気も完治していました。

自己肯定感が育まれると、セルフコントロール力も高まるため、ちょっとしたことでイライラすることも少なくなります。ストレスは体に影響するため、ストレスがなくなると健康状態も高まります。数多くの成功体験のイメージは意欲や好奇心にもつながり、問題解決力まで強化してくれます。

ただ、現代の働くママとパパはとても忙しいです。「そんな時間なんてないよ！」と言いたくなる人もいるかもしれません。

でも、安心してください。**30秒でも1分でも、ほんの短い時間で大丈夫です**。夜、眠りにつく前の数分や、車や電車で送り迎えの移動中にひとつでも多く成功体験を思い出してみるだけでも効果があります。

一緒にお風呂に入っているときやご飯を食べているときなども、ゆったりとリラックスしながらできるので、おすすめです。

小さな成功はいたるところに転がっています。成功日記をつけてみたら、子どもの意外な発言にビックリしたり、新しい発見があって驚く人も多いかもしれません。

幸せな状態では創造性が３００％アップする

成功日記をはじめると、子どもが自分の話をすることになるため、54ページで紹介した**リフレクティブ・リスニング**を組み合わせれば、安心感もプラスされて幸福度もグンと高まります。

「今日はどんないいことがあった？」と問いかけて「今日はね、給食で好きなデザートが出たんだ」と返ってくれば「へえ、好きなデザートが出たんだ」といった感じで会話を続けてみましょう。やり取りするうちに、お子さんの脳にポジティブな記憶がしっかりと定着していく効果が期待できます。

幸福度が高い状態では、創造性がなんと３００％も高まるとされています。お子さんの創造性を引き出すためにも、ぜひリフレクティブ・リスニングを活用しながら１日を振り返ってみてください。

習慣06

驚くべき写真の魔法を使おう！

ひとつ前のお話で
過去のよい(プラスな)
記憶を思い出すことが
問題解決能力を
高めたり
自信につながったりする
とお伝えしました
よーし!! 行くぞ!!
プラスの記憶→
プラス
人生経験が
まだ少ない
子どもにとって
幼少期の
プラスな記憶は
大きな意味を
持つんです
へー!?
なるほど!!
たしかに!!
でも
幼児期健忘
で消えて
いって
しまう
そんな
記憶を
どうやって
思い出すん
ですか?
?
?

写真を
活用します!!
アルバム
写真を見ることで
忘れていた思い出を
思い出したり
ここ
覚えてる!!
お魚
いっぱい
いたとこ!!
少し昔のことを
振り返ったり
できるんです
写真ですか…
今ってスマホで
撮ってプリント
しないからな…
自分たちが
小さい頃は
家にアルバムが
当たり前のように
ありましたよね

プリントが当たり前じゃなくなった今だからこそ
たくさんある写真の中からとっておきの写真をピックアップしてプリントするのがおすすめ
いつでも視界に入るところに飾ったり
フォトブックにして1年ごとにまとめて成長をまとめてみたりするといいですね
モナカ
アンチョビ
豆キチ
アンチョビ 2023
アンチョビ 2024
子どもが生まれてから撮ってきた写真はすでに数十万枚を超えているんですが…
目がしょぼしょぼ
ここからセレクトするのもなかなか大変すぎませんか？
えー…そこは気合いと笑顔で乗り越えてください
スマホ老眼

写真の中の幸せな記憶が自己肯定感を上げる

目にしただけで幸せな記憶が自然とよみがえる

私のオフィスには、マイナス思考を改善したいという方がカウンセリングでいらっしゃることもあります。

そういった方たちに「楽しかったときはいつですか？」と尋ねると、よく返ってくるのが「ありません」という答えです。もちろん、本当にない人もいるかもしれませんが、多くの人は思い出せないだけだったりします。

心が躍るような楽しい経験をしても、思い出せないのは、私たちの脳がマイナスなことにフォーカスしやすい性質を持っているからです。

そこで私は、マイナス思考改善のカウンセリング法のひとつとして、30～50種類以上の幸せに感じる瞬間や感謝できる瞬間を思い出してもらうようにしています。

なぜなら、そうすることで

「自分はこんなときに幸せを感じているんだ」

「意外と感謝できる出来事や人にも恵まれているんだ」

といった、これまで気づかなかった日々のプラスの側面に気づくことができるからです。これが将来のイメージや、自己肯定感を高めることにつながっていきます。

成功日記の習慣（66ページ参照）でお伝えしたように、子どもは大人以上にマイナスにフォーカスしやすい性質があります。そのため、自己肯定感を自然に高められる環境づくりをしておくことが大切です。そこでおすすめしたいのが、**写真を通して、過去の幸せな体験に触れる習慣**です。

写真には、過去の楽しかった出来事を一瞬にして呼び起こす魔法のような力があります。

みなさんも、旅行先などで撮った写真を見たとき、昔のことなのに、その場の感覚がありありとよみがえるような体験をしたことがないでしょうか。

家族や友人との楽しい記憶や幸せな記憶は、日々のストレスや不安の解消を助けてくれます。

また、同時に自己肯定感も高められますし、自分は愛されてきたんだと感じることで安心感も得られ、幸せな気持ちになります。

おすすめは、旅行先などで撮った思い出の写真をアルバムにまとめて、いつでも子どもが手に取れる場所に置いておくことです。特にお気に入りの写真は、大きくプリントアウトして飾っておくといいでしょう。

忘れやすい幼少期の記憶も写真の魔法で思い出せる？

みなさんは、幼い頃の出来事をどこまで遡って思い出せるでしょうか。

小学校時代のことはある程度思い出せても、保育園や幼稚園時代は少々あやしくなり、さらにその前となると記憶をたどっていくのがかなり難しい、といった人も多いはずです。ただ、これは仕方のないことなのです。

3歳より前の記憶は、6〜8歳になるまでに失われやすく、これを専門用語で「**幼児期健忘**」と呼びます。

ただ、なかにはこの頃のことをよく思い出せる人もいて、そんな人ほど幸福度が高く、自信があることがわかっています。

ニューハンプシャー大学が10〜15歳の子どもたち83人を対象に実施した研究でも、**出来事を**

より具体的に思い出せる子どものほうが、社会問題に関して高い解決能力を持っているという結果が出ています。

この例に当てはまるかどうかは別として、幸運なことに、私自身も幼少期のことをよく覚えているほうでした。2歳の頃のことも覚えているので、周囲に驚かれることもあります。なぜ、幼少期のことを覚えているのかは長らく謎でしたが、最近思い当たったことがありました。それは、実家に置いてあった何冊ものアルバムの存在です。

私が子どもの頃、両親は大きなイベントや日常の様子を撮った写真をまとめて、分厚いアルバムをいくつも作ってくれていました。私は小さい頃から、そのアルバムを見るのが大好きだったのです。

時間があればめくっていたほどで「生まれた頃はこんな家に住んでいたんだ」「こんな旅行に連れて行ってくれたんだ」などと、幼い頃の出来事を頻繁に振り返っては幸せを感じていたのです。

アルバムを見る習慣が私の小さい頃の記憶に影響していたのかもしれません。

子育てのイライラを吹き飛ばせるのも写真の魔法

写真は、子育てに悩む私たち親にも、素晴らしい効果をもたらしてくれます。

子育てはどうすればいいのかわからないことの連続。時には思うようにいかず、大きなストレスを抱えてしまうこともあるでしょう。

たとえば、イヤイヤ期を迎えたお子さんに大声で泣かれると、仕方のないことだとわかっていてもイライラすることもあります。

私にも、息子が2歳ぐらいの頃、仕事が忙しい時期でもあり、言うことを聞いてくれずついイラっとしてしまうことがありました。このような仕事をしているのに……と、自分でも驚いたほどです。

そんなとき、マイナスな感情を一気に吹き飛ばしてくれたのが、自宅のリビングに飾っていた「ある1枚の写真」でした。

そこには、生後4カ月頃の息子が、満面の笑みで万歳している姿が写っていました。

この写真を見た瞬間に、

「あのときは当たり前だと思っていたけれど、こんなかわいい時代があったんだな。写真と同じようにもうこの瞬間は二度と戻ってこない。今この子と一緒にいられるこの時間をもっと大切に過ごそう」

と心から感じました。

たった1枚の写真が、私の気持ちと子育てへの心の持ち方を一瞬で変えてくれたのです。

イライラは脳の扁桃体《へんとうたい》という部分から発生しますが、内側からコントロールしようと思ってもなかなか難しく、かえって疲れてしまうことがあります。

そのようなときは、**楽しかった頃の写真という外部の力を少しでも借りてみましょう。「心がふっとラクになる」という効果が期待できます**。

最近ではスマホで撮ったデータを保管して、現像しない人も多いかもしれません。

もちろんスマホで見るのもいいのですが、アルバムや写真立てなどで実物の写真が身近な場所にあるほうが子どもの目に入りやすいですし、実物の写真は手で触れるため触覚も使います。

五感を使うという点においても、とてもいい方法です。

写真を見ると脳の視覚野の灰白質《かいはくしつ》が発達したり、0・3〜0・4秒眺めるだけで長期記憶に移行しやすくなったりすることもわかっています。

懐かしい写真をアルバムにまとめる作業をお子さんと一緒にやれば、いろんな話も出てくるはずですし、家族みんなの自己肯定感が高まることでしょう。

素敵な写真はスマホの中に留めず、ぜひプリントアウトしてみてください。

第3章

命令はやめて問いかける

習慣07

「命令」はやめて「質問」に！

え⁉
逆⁉
そうなんですよ
パパさんだって身に覚えありませんか？
学生の頃に
そろそろ
勉強でもするかな～
ってタイミングに
さすがにそろそろ勉強しなさいよ～
!
なんて言われたら
今やろうと思ってたんだよ‼
プン
プン
あ～もうやる気なくなったわ‼
ってなりませんでした？

ありましたね…
このくだりはみんな経験するあるあるですよ
見事に命令と逆のことをする代表例です
私もあります
ってことは子どもに命令しないといけない場合
「このお菓子は食べていいよ!!」って言うってこと?
食べていいんだ♡
パカッ
食べる未来しか見えません!!
そこで活用したいのが「質問」です!!
子育てが上手な方は質問を上手に使っていることが多いです
子育て上手は質問上手

たとえばはじめのお菓子の件も
これは〇〇さんちに持って行くお菓子なんだけど食べないでいられる？
プレミアムな生チョコ
……
……
質問で言っておくと
このとき子どもの脳内では
おいしそうだけど〇〇さんちへのプレゼントなんだよね…
食べたら〇〇さんがガッカリするよね
食べたらパパがまた買いに行くのかな？
←イメージができた
うん!!食べないでおける!!
わかった
質問されたことで左右の脳が活性化して理解するんです

ほかにもこんなシチュエーションで使えます!!
NG
走らないで!!
OK
走らないで歩けるかな?
NG
おもちゃ片付けて!!
OK
このおもちゃどこに片付けるかわかる?
早く!!急いで!!
NG
3時に公園行くよ!!
OK
3時に公園行くけど大丈夫?
これは日常のいろんなシーンで使えそうですね
どんどん質問してみましょう!!
先生も食べます?生チョコ♪
いただきまーす

子育て上手は質問上手

脳は命令されるのが大嫌い

公園や電車の中など公《おおやけ》の場で、「早く帰るよ！」「そんなことしちゃダメ！」と大きな声でお子さんを怒る親御さんを見かけます。

いくら厳しく言っても、聞いてくれない。また、その場では聞き入れてもしばらくたつと目の前で同じ光景が繰り返される――。

そんな経験はみなさんにもあることでしょう。

これは、私たちが命令に従わないどころか、逆のことをしたくなる性質を持っているからです。人は「箱を開けないでね」と言われると見事に開けてしまいますし、「勉強しなさい」と言われるとやる気をなくします。

脳は命令されて縛られるのが大嫌いで、強制されると自由を求めて反発したくなるのです。

この性質を**心理的リアクタンス**と言います。

少し変わった例ですが、私の知人で、3人のお子さんを育てた女性がいます。その方は、ことあるごとに子どもたちに「勉強するな」と言っていたそうです。

「勉強したら父親みたいになっちゃうから勉強するな」

「知識だけ詰め込んでもアホになるから勉強するな」

などと言い続けて子どもたちを育ててきました。

その結果、お子さん3人はどうなったかというと——。一人は医学部、一人はアメリカの大学、一人は芸術系の道へと進み、それぞれの夢に向かって自立した生活を送っています。お母さんの願いに反して、子どもたちは勝手に勉強に励んでいたというわけです。まるで冗談のような話ですが、このような例もあるぐらい命令は逆効果なのです。

命令を質問に変えるだけで脳の反応が変わる

私がこれまでに出会ってきた子育ての天才たちは、命令に頼ることがほとんどありません。彼女（彼）らが使っているのが、マンガでも紹介している「**質問**」です。

具体的には「**〜しなさい」という命令を「〜できるかな？」という質問に変換する**だけ。とても簡単です。

たとえば、子どもの食事中に「食べ物を大事にしてほしいな」と感じるシーンがあったとします。

このとき「食べ物を大事にしなさい」と命令調で伝えるのではなく、

「食べ物を大事にできるかな？」

と質問を投げかけるのです。

これで子どもたちは、伝えたことを受け入れやすくなります。

では、なぜ質問がいいのでしょうか？

先ほど脳は命令が大嫌いと書きましたが、それは**人には「自分で選択したい」という欲求があるから**です。

みなさんも、ビュッフェ方式のレストランで和洋中のメニューがずらりと並んでいると、何を選ぼうかとワクワクすることはありませんか？　これは、私たちが複数の選択肢の中から何かを選ぼうとするとドーパミンが出て、やる気や意欲（内発的動機）が高まるからです。

先の食べ物の例で言うと、「食べ物を大事にできるかな？」と問いかけると、子どもに「食べ物を大事にする」と「食べ物を大事にしない」という2つの選択肢を渡すことになります。

仮に「大事にする」ことを選択したら、その瞬間にドーパミンが出て、その子自らが食べ物をもっと大切にしようと思ってくれるようになるのです。

一方、「食べ物を大事にしなさい」という命令は、ひとつしかない答えを有無も言わさず押しつけている状態のため、選択の欲求が満たされず、やる気が起きなくなるというわけです。

●質問で行動をイメージさせる

「命令」より「質問」がよい理由はもうひとつあります。

それは、**子どもの脳内に行動しているイメージが浮かぶこと**です。「食べ物を大事にできるかな？」と問いかけられたとき、子どもたちは「できるかなあ」「どうだろうなあ」と考えてから答えを返します。このとき、言葉を認識する左脳と一緒に、右脳の上側頭回後部《じょうそくとうかいこうぶ》を含む場所も活性化され、食べ物を大事にするイメージがしやすくなります。時間にしたらほんのわずかかもしれませんが、この「時間」が重要なのです。

子どもが「できるよ」と答えた瞬間に、脳内には「食べ物を大事にする」イメージが生まれ、実際の行動に移しやすくなるわけです。

イメージさせることが、どれだけ行動に大切かがわかる面白い実験があります。

私たちには目の前に大好きな食べ物があっても、我慢できる力があります。

これは、専門用語で「満足遅延」といって、目の前の快感を先送りして、未来まで報酬を待つ力です。

すぐに衝動的になったり、貯金ができない子は、この満足遅延の力が弱いからです。特に小さい子どもほど、我慢できません。

そこで、イスラエルの研究者たちは、まだ満足遅延の行動ができない未就学児の子どもを集めて実験をし、子どもたちが我慢強くなる「ある方法」を発見しました。

それは、「スーパーマンのマントをつけて、スーパーマンになりきってもらう」という方法でした。特に、「スーパーマンは我慢強くて、すごい人なんだよ」と説明された子どもは、より我慢強くなりました。

つまり、**よりイメージができた子たちほど、我慢できるようになった**ということです。逆に言うと、行動できないのは、イメージができないからなのです。

子どもがなかなか言うことを聞いてくれないときは、まるで子育ての天才になったようなフリをして、「質問」をしてみてください。口調まで変わって驚くかもしれません。

習慣08

許可を取る質問でやる気を引き出そう！

質問を使ったのに
なんか思っていたのと
違うリアクション…
うーん
今のは
「責める」
質問ですね
先ほどの質問は子どもに
こんなふうに聞こえています
まだ
ピアノ練習
してないの?
ピアノ練習
しなさいって
命令されているし
「まだ」練習して
いないことを
責められている!!
(すごく不快!!)
えーっ
そんなつもりは
なかったのに!!
じゃあどんなふうに
質問すれば
いいんですか?
許可形
許可を取る
質問に
変えるん
です!!

「許可を取る」質問は
あなたを信頼していますよ
こんなメッセージも与えるため
信頼されている!! ガンバろう!!
やる気や自己肯定感が高まるんです!!
なのでこんなふうに言い換えます
まだピアノ練習してないの?
そろそろピアノ練習してもらっていい?
おお!! なんだか急にマイルドに!!
さらに許可形に
理由をオン!!
ポン
理由
許可形
アベさんが豆キチくんにピアノを練習して欲しい理由ってありますか?
あります!!

どストレートに上達してほしいですし…
夢はピアニスト!!
コンクールや発表会に向けて計画的に練習してほしい
ウチはピアノを22時までしか弾けないので練習時間に限りがあります
ならこんな声のかけ方がおすすめですね
「ピアノ弾けるの22時までだから今のウチにピアノ練習してもらっていいかな？」
おお!! 責めてる感じもないですね!!
この3つを上手に活用して声かけ名人になりましょう!!
理由
許可形
質問
この声かけは子どもはもちろん大人同士や夫婦の会話に活用したいですね
うん
うん

やる気を引き出す質問のやり方4選

●許可＋理由で質問する

習慣7で質問の大切さをお伝えしましたが、いくつかのポイントを押さえるだけで、その効果をさらに高めることができます。ということで、ここでは子どものやる気を上手に引き出せる質問のやり方を紹介していきましょう。

シンプルながらも効果が大きいのが、マンガでも紹介した**子どもに許可を取るスタイルの質問**です。

何かをやってほしい状況であれば「**○○をしてもらえるかな？**」、やめてほしいのであれば「**○をやめてもらえるかな？**」と、質問で許可を求めます。

こうした質問には「最終的な決定権はあなたにありますよ」というメッセージが含まれています。同時に「あなたを信頼しているよ」ということも伝わるので、やる気や自己肯定感も一気に高まります。

さらに理由もセットにすると、より効果が高まります。たとえば、「周りの人がビックリするから、もう少し静かにしてもらってもいいかな？」「今揚げ物をしていて動けないから、取り皿やお箸をテーブルに並べてもらえるかな？」と伝えると、よりこちらのメッセージを受け取ってもらいやすくなります。

許可を求める際に理由も添えると、相手はオーケーしやすくなるということが研究でもわかっています。

反対に、理由を伝えないと、子どもが指示に従わない原因にもなるということです。親子の信頼関係を築くうえでも理由を伝えることは重要ですので、子どもだからといって説明を省くのは避けたいところです。

選択肢を増やして質問

三択や四択といった複数の選択肢から好きなものを選んでもらうことも、子どものやる気を高める効果があります。

決定権を与えられて、子どもが「自分は信頼されている」と感じるのもよい点ですが、この質問法にはもうひとつのメリットがあります。

たとえば、お手伝いをお願いするときに、「お手伝いしてもらえるかな？」と聞くのではなく、まずはお風呂を掃除する、洗濯物をたたむ、部屋を片付けるといった選択肢を挙げてから「どれがいいかな？」と聞いてみます。

親からこう質問されると、子どもは「この中からどれにしようかな」と考えます。つまり、**選択肢を考えている時点で、子どもの頭の中ではお手伝いすることが、決定されているので、快く行動したいと思ってくれる**のです。

「宿題を今日のうちにやってスッキリするのと、明日やるのどっちがいい？」といった比較の質問でも、同様に「宿題をやる」という前提で子どもは考えはじめます。

ちょっとズルいように感じるかもしれませんが、子どもに一方的に命令するのではなく、選択肢を与えて自分で決めさせることは、子どもの意欲や好奇心、そして自立心を育てるために大切な習慣です。自分で考えて動ける子どもは、将来的に社会で活躍していくことでしょう。

「どうやったらできる？」で確認しながら質問

子どもはセルフコントロール力が未熟なこともあり、楽しいことをやめられずに「もう1回」

「もう1回」と言い続けることがあります。

明日の学校の準備を一向にしようとしなかったり、宿題に手をつけようとしなかったりすることもあるかもしれません。

「やめなさい！」「始めなさい！」と伝えても行動できないのは、その子が〝やめること〟や〝始めること〟をイメージできていないのが大きな原因です。

この場合、「もう終わりにしない？」「そろそろはじめたらどう？」と伝えても子どもはなかなか動いてくれません。

ではどういう質問をすればいいのでしょうか？

動画を見ていて「もう1回」攻勢が続く場合を例に考えてみます。このとき、子どもの頭の中には「動画をずっと見続けるイメージ」しかないかもしれません。

そこで、まずは「**あと何回見たらやめられる？**」と確認しながら質問してみるのです。

「あと2回で終わりにする」と答えたなら「わかった、あと2回で終わりにするんだね？」と確認します。質問に答えた瞬間に、子どもの頭には「2回目でやめる」というイメージが浮かぶため、動画を見ることをやめる確率がグンと高まります。

これを専門用語で「**コミットメント効果**」と呼びます。「コミットメント」した（自分で決めた）

ことは実行しようとする確率が高まるのです。

時には「あと100回！」などと、とんでもない答えが返ってくることもあるかもしれませんが、そんなときは質問を重ね、落としどころを探りましょう。

「あと100回やりたいんだね。でも、そろそろお風呂に入る時間だから、そこまで多くはできないよ。3～5回だとどうかな？」といった具合に理由も添えて質問するのもいいでしょう。そうした対話を通して、落としどころを子どもと一緒に決めていきます。


もちろん自分で決めて、たとえば「3時から勉強する」と答えた子が、約束の時間を過ぎてもテレビの前から動かないようなこともあるかもしれません。

このときやってはいけないのが「なんでやらないの？」と問い詰めることです。特に、理由も聞かずに責めたてると、子どもが「自分はダメな子だ」と自らを追い込んでしまうなどで、親子の信頼関係も崩れかねません。


ここでもやるべきことは確認の質問です。

「『3時になったら勉強する』って言ってなかったっけ？」

この聞き方であれば、子どもが発言した事実について確認しているだけですので、子どもも嫌な気持ちにはなりません。

一度コミットメントしたことは、イメージが浮かびやすく、本人も行動に移しやすくなります。また、「どうすればいいのかを自分で考えるクセ」もつきやすくなります。

●本人の理想へと導く質問

行動ややる気を引き出すだけでなく、子どもの本来の能力を引き出す質問もあります。

このヒントになるのが、ショッピングモールでアンケートに協力してもらう実験です。通常、「少しお時間よろしいでしょうか」と声をかけるのが一般的ですが、このときアンケートに回答してくれた人は29％でした。

しかし、その回答率が77％になる質問がありました。それが、「あなたは他人に協力的ですか？」という質問だったのです。

いきなり質問されると驚くかもしれませんが、何気ないときに質問されると、私たちは自分が理想とする人になりたいと思います。「協力的ですか？」と聞かれると、「もちろん、協力的ですよ」と答えたくなってしまうのです（もちろん例外もありますが、多くの人が理想の自分を目指したいと思います）。

このやり方は、子育てにも役立てられます。友だちやきょうだいに対する言動が気になったときは「人に優しくしなさい」と命令形で諭すのではなく「あなたは思いやりのある子だと思う?」と聞いてみるのです。

勉強やお手伝いを自発的にしない子どもには「あなたは言われなくてもやる人だと思う?」と問いかけてみるのもいいかもしれません。

「そう思う」と答えたら、たとえその答えが嘘だったとしても、その瞬間に人に優しい自分や言われなくても行動する自分がイメージされるため、実際にそのように行動する確率が高まります（すぐに効果が出ることもあれば、時間がたって効果が出ることもあります）。

子どもが「本当はこうありたい」と思っている（よい）方向へ導いてあげる質問。ぜひ試してみてください。

第4章

痛みを知る

習慣09

「人の痛み」を理解する！

西先生!!
何してるんですか!?
まあまあ細かい設定は気にしないで
ゆっくりコーヒーでもいかがですか?
ご一緒します
ではお話し聞きますよ
は…はい
実は次男が学校で震災学習の宿題を出されたんですが
仙台なので年に1回は震災学習あるんです
ふむふむ
震災当時のことを話してもいまいちピンときていないというか…
お兄ちゃんはまだ1歳だったし水も電気も止まって大変でね!!
宿題
おウチの人に震災の話を聞く
生まれる前の話だしよくわかんないよ～
当時のつらさとか悲しさに共感してくれなくて

体験してないことに共感するのは難しいのはわかるんですけど…
それでいいのかなぁって…
ズズッ
そうですねー
人の痛みを知る子ほど強くて優しいんです
それって実際に痛い経験をさせるってコトですか？
ギョッ
食料なし!!
水なし!!
電気なし!!
テント生活!!
ぐー
震災後の生活を体験!!
そこまでリアルな痛みまでいかなくてもいいんですが(汗)
当時の人を見てどんな気持ちなのか想像してみるだけでもいいんです
コーヒーおかわりします？
ありがとうございます

今回のアンチョビくんのケースなら
停電でエアコンも使えなくて寒かった
水をもらうために3時間も並んだんだ
へー…
当時の不便な生活の様子がわかる写真やニュース映像を見ながら
給水所
もし自分だったらどんな気持ちになる？
と投げかけると人の痛みによりそえる共感力がアップします
痛みって大事なんですね…でもこれまでずっと痛みを感じるようなことは避けてたんですがこれってこれって大丈夫でしょうか
もうひとつ大切なのがコレ
ドンッ
子どもの前にある杭を抜かない
親というものはついつい子どもが失敗しないようにしてしまいますがこれはＮＧ!!
ころばないように!!

子どもの荷物を持ってあげちゃったり
なんでも後始末をしてあげたり
片付けておくねー
これであそぶ
身に覚えありまくり…
ついついやってしまいがちですが
「自分で乗り越える」経験を奪ってはいけないんです
うーーん
相手の気持ちを考えられる子困難を乗り越えられる子は
思いやりのある子になれるんです

人の痛みを知る子ほど強くて優しい

子どもに必要な痛みまで取り除いていませんか？

多くの親にとって「痛み」は子どもに与えたくないものかもしれません。

私も全国の講演会で保護者向けに「子どもの成長には、痛みも大事なんです」と伝えますが、多くの親御さんにギョッとされてしまうことがあります。

もちろん厳しい罰や暴力を与えるような痛みはよくないですし、物理的な痛みは研究でも子どもの健全な発達を抑制してしまうことがわかっています。

しかし、痛みの中でも大切な痛みがあります。

それが**「人の痛みを理解する」「感じる」という痛み**です。

なぜなら、人の痛みを感じられる人は、人の気持ちを理解する力（共感力）が高くなるからです（ちなみに、共感力がある人は、コミュニケーション力まで高まります）。

これは、オハイオ州立大学で行われたリサーチですが、子どもが悪いことをしたときの母親の行動と、子どもの共感力との関係を調べました。その結果、10〜14歳の子を持つ母親は、悪いことに対して次の3つの対応をしていました。

①「罰を受けるわよ」と脅す（権力的にふるまう）

②無視する（放任する）

③犠牲になった人の気持ちに目を向けさせる（共感的に痛みを感じさせる）

3タイプのうち、もっとも高い共感力を持っていた子どもが、③のグループだったのです。「今、相手はこういう気持ちになっているよ」と教えられることで、他者の気持ちを理解する力が高まったと考えられます。一方、ほかの2グループはどちらも共感力が低い結果でした。

子どもは悪意なく、友だちのおもちゃを奪ったり、暴言を吐いたりして、誰かを傷つけることがあります。これは、子どもはまだ脳が十分に発達していないため、自己中心的な視点しか持てず、相手の立場に立って物事を考える思考に慣れていないからです。

こういったときに、「ダメでしょ！」と叱ったり、無視をしたりするのは、共感力を育みません。

「もしあなたがそんなことをされたら、どんな気持ちになると思う？」

「そんな言葉を言われたら、〇〇ちゃんは嬉しいかな？」

のように、相手がどういう気持ちになるのか、子どもを諭してあげることが親の大切な役目のひとつかもしれません。

有名科学誌である『サイエンス』に掲載された論文では、痛みを受けた人の写真を見せると共感性が刺激され、思いやり（利他的な動機）が高まることも報告されています。実際の体験ではなく、傷ついている人や悲しんでいる人の写真を通した追体験でも、人を思いやる心が育まれるわけです。

痛みが届く伝え方＝穏やかに理由も伝えること

ここで注意してほしいのが、人の痛みを感じさせるときに、感情的になってしまうことです。

「○○ちゃんはおもちゃをとられて、悲しいでしょ！　どうしてこんなことするの！」

「あなたの言葉でどれだけ傷ついていると思うの！　ダメだよ!!」

という言葉は逆効果です。

感情的な怒りは、命令に近い印象を与えるため、93ページで伝えた心理的リアクタンスが働き、痛みを考えないようにしてしまうからです。

実際に、スタンフォード大学のリサーチでは、子どもに「おもちゃに触ってはいけません！」と感情的に伝えると、多くの子どもがおもちゃに触ってしまい、「おもちゃに触ってはいけないよ」

と穏やかに伝えると、約2・9倍もおもちゃに触らなくなりました。

子どもに必要なのは、**なぜいけなかったのか、相手がどんな気持ちになっているのかを理解することによる痛み**です。

そのためには、痛みの理由を添えることも忘れてはいけません。

子どもが言うことを聞いてくれないと嘆く保護者の話を聞いていると、お子さんに理由を伝えていないケースがほとんどです。

たとえば、お友だちのおもちゃを奪って遊んでいたときに、ただ「ダメじゃない！」と言われても、小さなうちは何がダメなのか理解ができません。

「断りもなくとっちゃダメだよ」「あなたの行動でお友だちが傷ついているよ」とちゃんと理由を説明されてはじめて、子どもは「あ、こういうことはやっちゃダメなんだ」「お友だちを悲しませちゃった」などと理解することができます。

●痛みを知る子ほど、将来、強くて優しい大人になる

最近気がかりなのは、このような子どもにとってプラスになる痛みですら、親が遠ざける傾向にあることです。お子さんが困らないように、目の前に立ちはだかるさまざまな「杭」を先回りして抜いてしまっているのです。

子どもがわからなかったら、すぐに教えてあげる。
うまくいかなかったら、すぐにやめさせる。
子どもの将来を先回りして、進路まですべてお膳立てしてあげる。

なかには、自分が厳しく育てられた反動から、子どもには優しく接したいと思う人もいるかもしれません。その気持ちはわからなくもないですが、親がただただ優しいだけでは、お子さんはわがままで困難に弱い子に育ってしまいます。

私たちは、失敗したときに痛みを感じますが、この痛みは、そのときの状況や情報を記憶することで、知識のより深い理解につながり、問題解決能力や、セルフコントロール力、レジリエンスなどを促進することもわかっています。

たとえば、アイススケートで、いちばん上達のスピードが遅いのは、転ぶのを怖がる人だそうです。失敗をおそれずに、転んでも転んでも滑ろうとする子どもは、練習するとあっという間に滑れるようになります。

優しくたくましい子に育ってほしいのなら、人の痛みを伝えて、失敗からたくさん学べるようにしましょう。

習慣10

「待つこと」の大切さを学ぼう！

今でも
娘が抱っこと
言ったらスグに
抱っこして
ますよ!!
6歳
娘が抱っこと
言わなくなる
その日まで!!
ガンバるんです!!
アップル
パイは
まだ
ですか!?
ぐっ
来た!!
やっと!!
すっ
コトッ
あーん
パパさん
ちょっと待って!!
子どもが
甘えることは
大切ですが
甘えすぎは
実は子どもに
よい影響を
与えませんので
注意が必要です
あー…

パパさん…今
どんな気分ですか?
なかなかアップルパイが
食べられなくて
ちょっと!!
ストレスですね
すぐそこにあるのに
口に入ってこない!!
それです!!
ちょっとのストレスを
経験することが
必要なんです!!
コーヒーおかわりどうぞ!!
子どもの健全な
発達のためには
「優しさの中に
厳しさを持つ」
ことが大切!!
うまっ♡
パクッ
でも子どもに
厳しくするのは
あまり気が
すすまないの
ですが…
Coffee West
ストレスと
言っても何も
大げさなもの
ではなくて
おいしい!!
ほんの少しで
OKなんです
少しって?
?

たとえば「抱っこ」
抱っこ!!
このときスグに抱っこせずに数秒でも待ってからにする
数秒
数秒!? たったの!?
ほかにもちょっとのストレスはこんなイメージですね
スポーツなどで負けて勝つために練習
おかしやおもちゃを欲しがってもスグに買わない
ガチャガチャ
したい!!
ジャムを塗って出していたトーストをセルフで塗ってもらう
骨のある魚や肉を食べてみる
サンマ!!
チキンレッグ!!
えー食べにくい～。
お弁当箱やおはしセットは自分で出す
洗ってくださーい
そんなに難しくない感じですね

この日々のちょっとのストレスがあることによって
よーし!!行くぞ!!
←ストレス
セルフコントロールできる力が高まりストレスへの対処が上手になっていくんです
とはいえ厳しすぎはNG!!
例) 休みなく練習勉強しろ〜!!
厳しすぎると不安を感じやすい子になりストレスに対処しにくくなります
スポーツや勉強は親もついつい熱が入っちゃいますもんね
このアップルパイも甘さの塩梅がバッチリです
何ごともちょうどいい塩梅《あんばい》がいいんですね

「抱っこぉ～」は痛みを学ぶチャンス？

抱きしめるまでの10秒間が子どもを強くする

子どもが生きる力を学ぶチャンスは、日々の暮らしの中にあふれています。

抱っこの機会もそんな場面のひとつ。

赤ちゃんがぐずったり、小さなお子さんから屈託のない笑顔で「抱っこぉ～」とお願いされたりすると、すぐに応じることが愛情表現で、親の役目だと思われるかもしれません。

しかし、お子さんの非認知能力を上げるためには、そうとも限らないのです。

大前提として、抱っこ自体は決して悪いことではありません。子どもにとって親に甘えることはひじょうに大事ですし、親が愛情を持って接することで子どもの不安も取り除いてくれます。ブリティッシュ・コロンビア大学が２０１７年に発表した研究では、抱っこなどで親が接する機会が多かった赤ちゃんほど、体の免疫と代謝に関する遺伝子に明らかな変化が見られ、良好な発達につながることがわかっています。

問題は、抱きしめるタイミングです。

さまざまな研究では、少しだけ間を置いてから抱きしめるほうがよいとされています。

動物園では、サル山で親ザルに甘えっぱなしの子ザルをよく見かけます。

そんなサルの親子を観察したある実験があります。その実験ではずっと親に抱っこされて育った子ザルと、1週間に1時間、親と離されて育った子ザルを比較し、それぞれどのくらいストレスに対処できるかが調べられました。結果は、**ずっと甘やかされていた子ザルほどストレスに弱く、親と離れる時間があった子ザルほどストレスにうまく対処できた**というものでした。

しかも、定期的に親と離されて育った子ザルは前頭前野《ぜんとうぜんや》の機能が高まっていたそうです。前頭前野は、感情や行動の抑制を司る部位でもあるので、セルフコントロール力が高まったことが予想されます。

同じような結果は、マウスを用いた実験でも見られます。この実験では、親から15分間引き離された子どものほうが、まったく引き離されていない子どもよりもストレスに強くなりました。ただし、引き離す時間があまりに長くてもダメなようで、3時間引き離したケースではストレスに対処できなくなりました。

こうした研究結果から考えると、**たっぷりの愛情の中にも少しの厳しさを持つことが、子どもの健全な発達には大切**と言えます。

抱っこを待たせる時間はほんの10秒や15秒で十分です。最初はもっと短い時間から試してみて、だんだんと時間を延ばしていくといいでしょう。もちろん個人差もありますので、様子を見ながら**「お子さんが待てる時間」を最優先の目安**にしてください。

お子さんが少し大きくなると、歩き疲れたり、遊び疲れたりして、自宅への帰り道などで抱っこをせがまれるケースも増えてくるかもしれません。そんなときは時間を距離に置き換えてみるのもおすすめです。

「あの信号までたどり着いたら、抱っこしようね」のように伝えると、抱っこするまでの時間を待つことになるため、その間にセルフコントロール力も鍛えられます。これは、私もよく実践していたことです。目標を作ることで意欲のトレーニングになりますし、待つことで喜びが一層大きくなるため、笑顔も増え、主観的幸福度も高まります。

和を乱す子がいるクラスはセルフコントロール力が高い!?

お子さんが生まれてはじめて接する小さな社会と言えるのが、公園などの遊び場です。みなさんの多くが経験済みかと思いますが、社会の縮図かと思うぐらいにいろんなタイプの子どもがいます。なかにはルールを守れない子もいますし、それに対する親の反応もさまざまです。子どもを気にせずにおしゃべりに夢中な方やスマホを見てばかりの方もいれば、必要以上に大きな声で叱りつける方もいます。

場合によっては「ここで遊ばせて大丈夫かな？」と不安になることもありますが、子どもにとっては、それもまたいい経験です。

ルールを守れない子と遭遇することでいろんな子がいることを実感できますし、「ああいうことは危ないからやっちゃいけないよ」などと遊び方を教えるいい機会にもなります。

はじめて親と離れて過ごす場となる幼稚園や保育園でも、同じことが言えます。私は仕事の一環で幼稚園児のセルフコントロール力を調べているのですが、同じ幼稚園でもクラスごとに結果が違ったりします。「どうして結果が違うのだろう？」と調べてみてわかったことのひとつが、クラスに感情的で和を乱す子がいるかどうかでした。

意外かもしれませんが、和を乱す子がいるクラスのほうがセルフコントロール力が高い傾向がありました。嫌がらせしたり、叩いたりといった子どもの行動そのものはもちろんいけないことです。しかし、周りの子たちは毎日一緒に過ごす中で、そうした状況に対処する力が身についていくんですね。

子どもが成長するにつれて、接する社会はどんどん広がり、さまざまな人と出会うことになります。当たり前ですが、すべての人が良識を持っているとは限りません。

小さな頃から温室でぬくぬくと育つよりは、少しは経験を積んでいたほうが、ストレス耐性がついて、大人になってからも対処しやすくなります。

私たちの体は、予防接種でワクチンを打ったり、ウイルスに感染したりすると免疫ができて、強くなっていきます。心も同じです。これは、心理的免疫とも言います。

免疫をつけるには、強烈な痛みを伴うほどの厳しさは必要ありません。抱っこをすぐしないなど、ほんの少しの痛みで十分です。

ご家庭の内外で小さな困難を乗り越えるたびに免疫がつき、セルフコントロール力やレジリエンスがどんどん育っていきます。我が子が困っているときにすぐ手を貸せないことは少々歯がゆいかもしれませんが、心の免疫がつかないまま大きくなってしまうと、ちょっとしたトラブルですぐに会社を辞めるような大人になる可能性もあります。

もしかすると、子ども以上に、私たち親の我慢する力が問われているのかもしれませんね。

習慣11

自分の子育てタイプを知ろう！

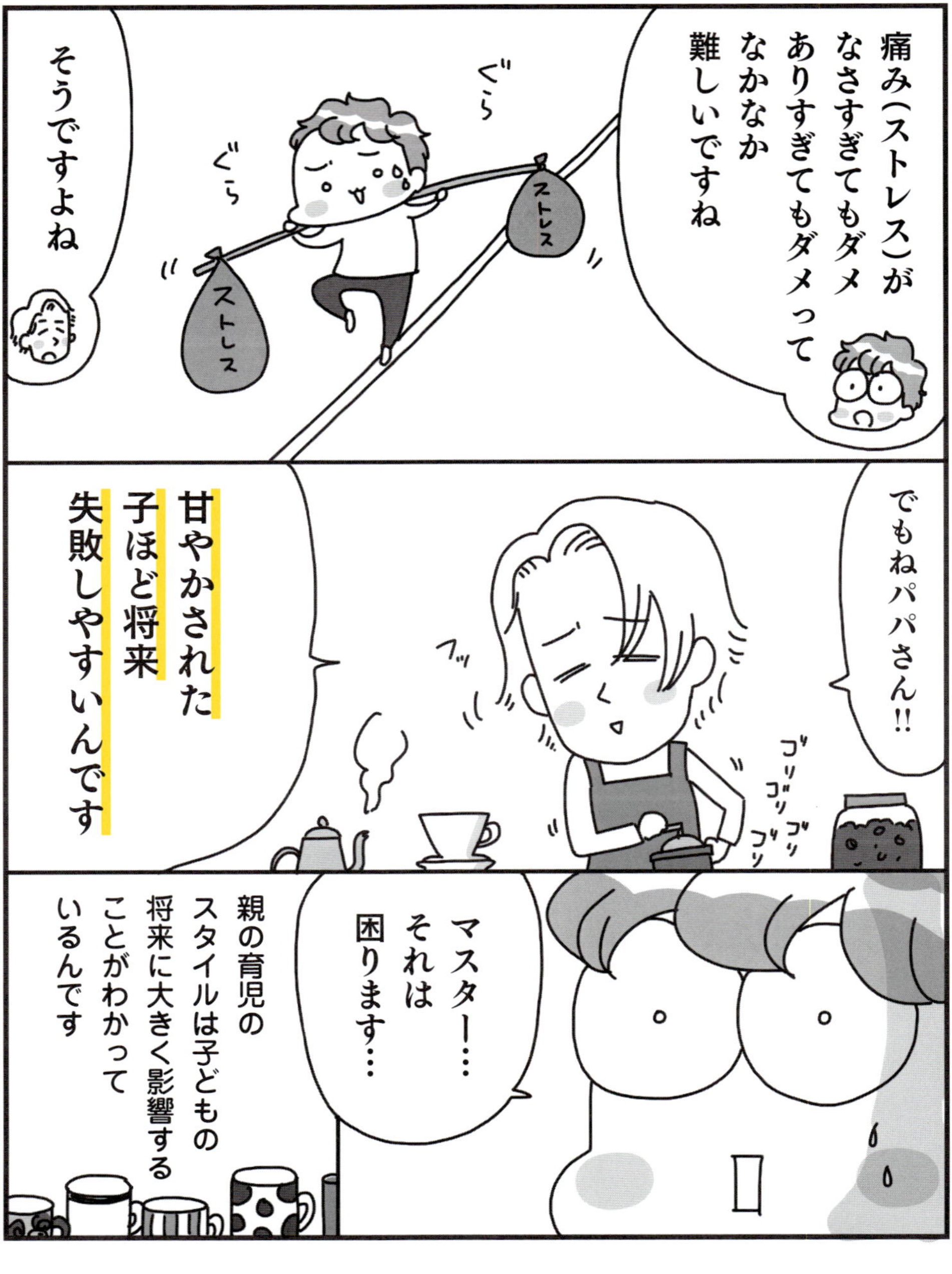

育児のスタイルは大きく4タイプに分けられますが
タイプによっては子どもの将来の収入に差が生まれてしまうんです
4タイプ
ええっ!?
タイプ①
民主型（支援型）の子育てスタイル
ルールを守るよう促し高い要求もするが
子どもの意向を尊重して子どもの自立を促すスタイル
タイプ②
独裁型の子育てスタイル
とにかく頭ごなしで子どもに厳しい
従わない場合は罰を与えて強要する

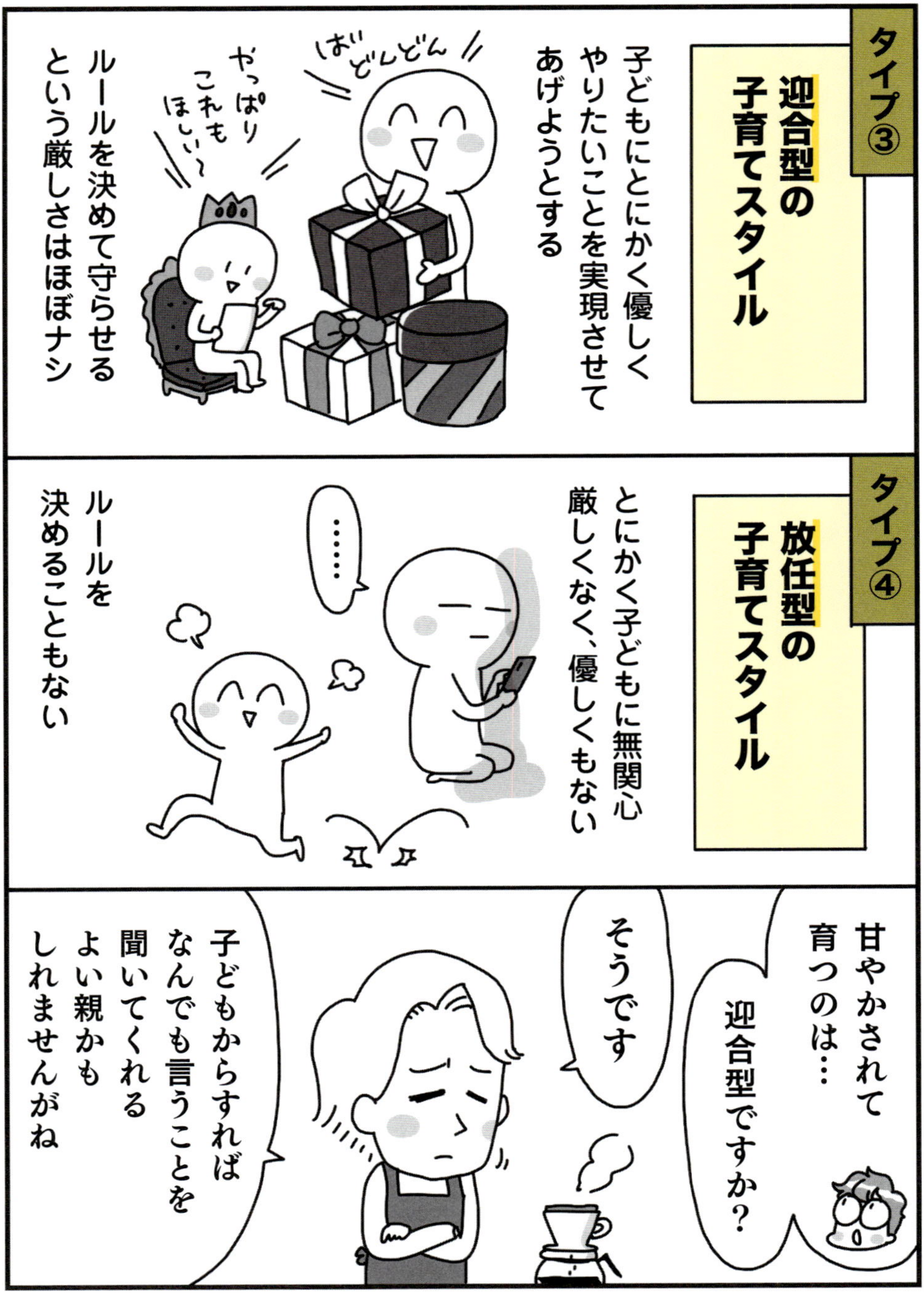
タイプ③
迎合型の子育てスタイル
子どもにとにかく優しく やりたいことを実現させて あげようとする
はい どんどん
やっぱり これも ほしい～
ルールを決めて守らせる という厳しさはほぼナシ
タイプ④
放任型の子育てスタイル
とにかく子どもに無関心 厳しくなく、優しくもない
……
ルールを 決めることもない
甘やかされて 育つのは…
迎合型ですか？
そうです
子どもからすれば なんでも言うことを 聞いてくれる よい親かも しれませんがね

子どもに手をかけることが
愛情だと思っているのが
迎合型の親ですが
スプーンないから食べられないじゃん
あら〜ゴメンこれで食べてね
子どもは我慢強さに欠け
困難に遭遇したときすぐに
あきらめてしまう傾向に…
これは韓国の例ですが
甘やかしすぎた
子どもが不登校になり
通学カバンが学校に毎朝あれば出席とみなします
はい!!
親
先生
そう言われた
母親は卒業まで
毎日学校に
通学カバンを
届けました
子どもは親のお金を
好き放題使い
ついには
親のお金を
使い倒して…
破産
親は土地も売って
すべてを失って
しまったんです
お金くれ

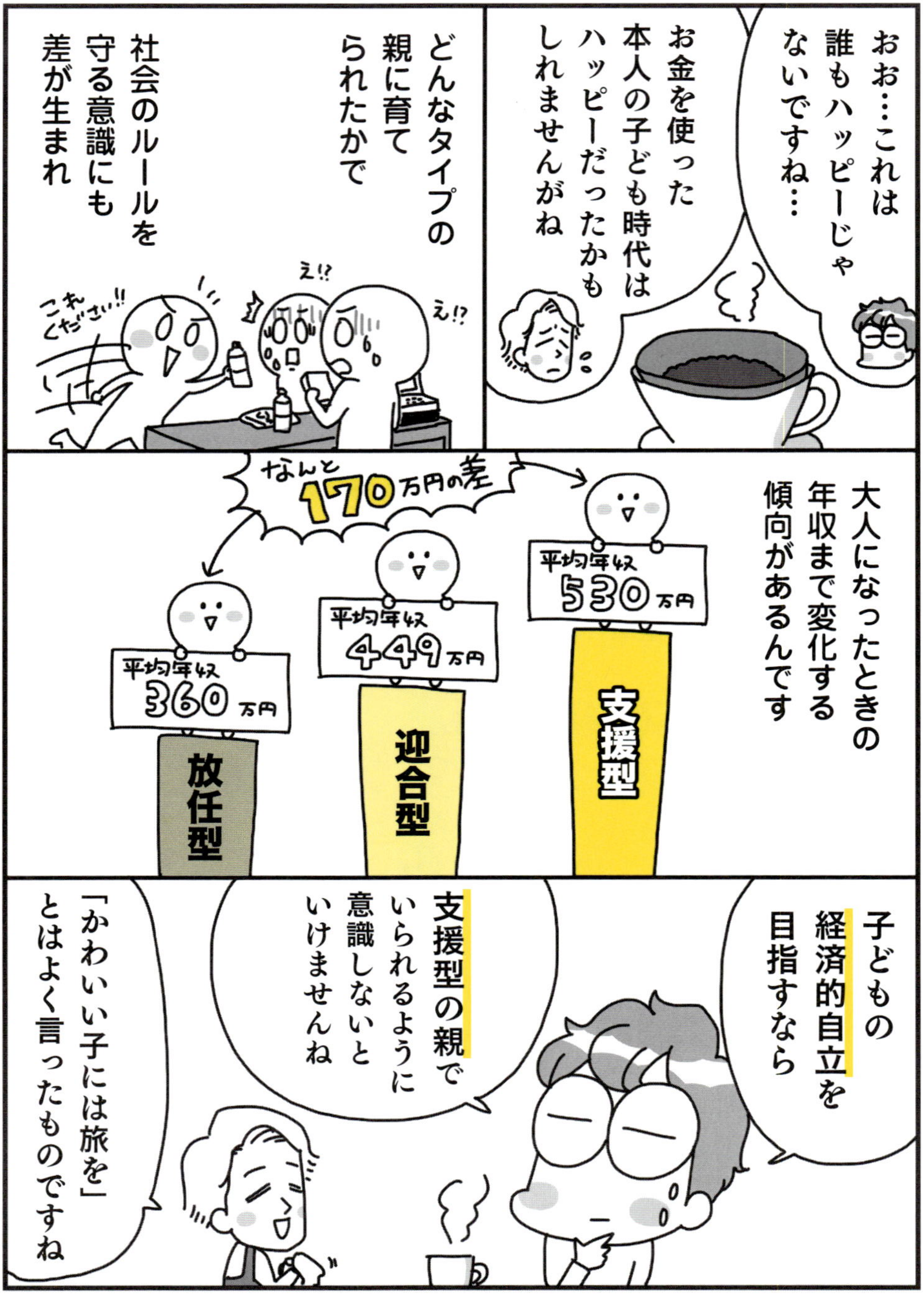

おお…これは誰もハッピーじゃないですね…
お金を使った本人の子ども時代はハッピーだったかもしれませんがね
どんなタイプの親に育てられたかで
社会のルールを守る意識にも差が生まれ
これください!!
え!?
え!?
大人になったときの年収まで変化する傾向があるんです
なんと170万円の差
平均年収530万円
支援型
平均年収449万円
迎合型
平均年収360万円
放任型
子どもの経済的自立を目指すなら
支援型の親でいられるように意識しないといけませんね
「かわいい子には旅を」とはよく言ったものですね

甘やかされた子ほど将来失敗しやすい？

４つの子育てタイプで将来が変わる

育て方が子どもの人生にどう影響するのか。

みなさんも気になるところでしょう。

多くの研究で、**子育てのスタイルは民主型、独裁型、迎合型、放任型の４タイプに分けられます**。それぞれの特徴をまとめると、次の通りです。

①民主型

優しさと厳しさの両方があるタイプ。ルールを守るようにしつつ、子どもの意向も尊重して自立を促します。もっとも子どもが前向きに育ちやすいスタイルです。

子どもは、幸せな気持ちを感じやすく、感情を制御でき、優れた社会性や前向きさを持つことが報告されています。

②独裁型

子どもにとにかく厳しいタイプ。指示に従わない場合は罰を与えてでも強要します。悪いことをしようものなら、理由も聞かず頭ごなしに怒鳴りつけることもあります。

このタイプの親に育てられた子どもは、言われたことに従うために「いい子」には見えます。しかし、実際は不安を感じやすく、自信を持てないのが特徴です。

人と積極的に関わる社会的スキルが低くなることも多いとされます。

③迎合型

子どもに優しくするばかりの受身的な子育てタイプです。

何ごとも子どもが中心になり、やりたいことがあれば実現させてあげようとします。ルールを決めてそれを守らせるといった厳しさはほとんどありません。痛みを知らない温室育ちになり、自己肯定感は高いものの、思いやりや謙虚さに欠けた大人になりやすい傾向があります。我慢強さにも欠けるため、困難に遭遇するとすぐにあきらめるケースも目立ちます。

④放任型

子どもに無関心な子育てタイプです。

厳しくもなければ、優しく接するようなこともありません。子どもにほとんど関わろうとせず、何かしらのルールを決めることもありません。子どもにとって好ましくない子育てタイプのひとつです。度が過ぎると育児放棄や育児怠慢といったネグレクトにもつながると言われます。このスタイルで育てられると、大人になってから非社会的な思考や行動をする可能性が高くなります。10代で非行に走る人たちにもこのタイプが多い印象です。

最初に挙げた民主型以外の3タイプは、マイナス面が目につくのではないでしょうか。厳しさと優しさ、双方を兼ね備えてこそ、子どもは健全に育ちます。

もう気づいている人も多いかと思いますが、ここまでに推奨してきた**努力をほめる、リフレクティブ・リスニングをする、選択肢から選んでもらうといった習慣は、いずれも民主型の子育てに当てはまります**。

大人になってからの年収にも差が出ることに

最近の主流は迎合型の子育てスタイルですが、将来のことを考えると、ネガティブな要素が満載です。

そこで、マンガの中で触れていた国内での調査を紹介したいと思います。この調査は独立行政法人経済産業研究所が２０１６年に発表したもので、親の育て方の違いが子どもにどのような影響をおよぼしたのか、日本人１万人を対象に分析しています。

この調査では、子育てスタイルを支援型、厳格型、迎合型、放任型、虐待型、平均型の６タイプに分け、子どもが就職した後の所得や、前向き思考、不安感などについて比較が行われました。支援型は先ほど紹介した民主型と、厳格型は独裁型とほぼ同じです。また、虐待型は厳格型がさらに厳しくなったタイプ、平均型は、スタイルの分類に用いられる要素がどれも普通だったタイプと考えてください。

平均所得を見てみると、男性は高いほうから支援型、厳格型、迎合型、平均型、放任型、虐待型の順、女性は支援型、厳格型、放任型、迎合型、虐待型、平均型の順となりました。気になるのが、優しいばかりの迎合型の順位です。高学歴者の比率で２番目の高さを誇る迎合型ですが、社会人としての所得差を見ると、トップの支援型とは、男性が約80万円（支援型約５３０万円、迎合型約４５０万円）、女性で45万円（支援型約３００万円、迎合型約２５５万円）ほど差が出ています。つまり、**支援型で育てられた子どものほうが、社会人になって活躍している可能性が高い**ことが示唆されているのです。

そのほかにも迎合型で育った男性は、脱税行為は許されない、お酒を飲んだら絶対に運転し

子育てタイプ別平均所得（男性有業者）

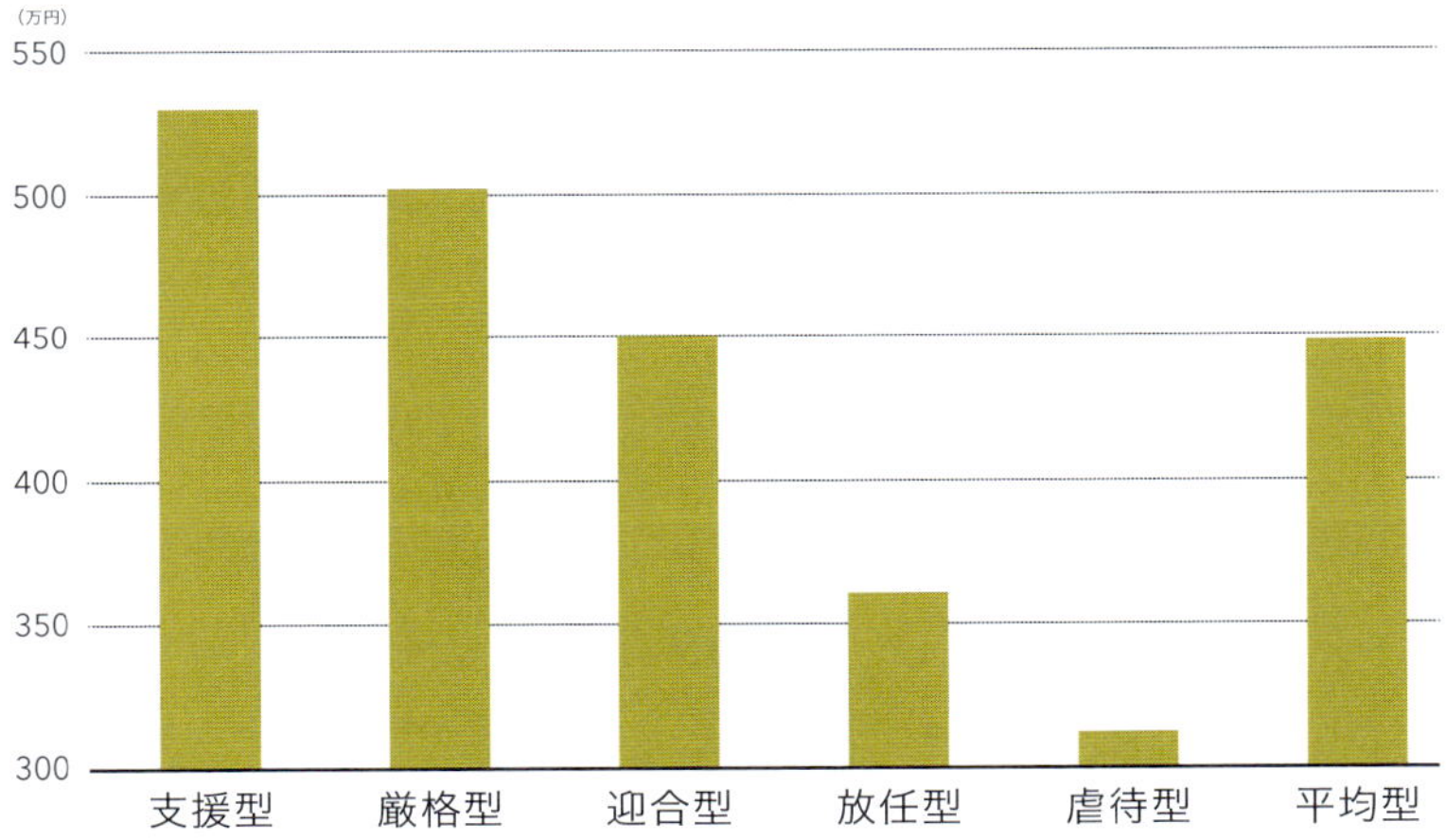

子育てタイプ別平均所得（女性有業者）

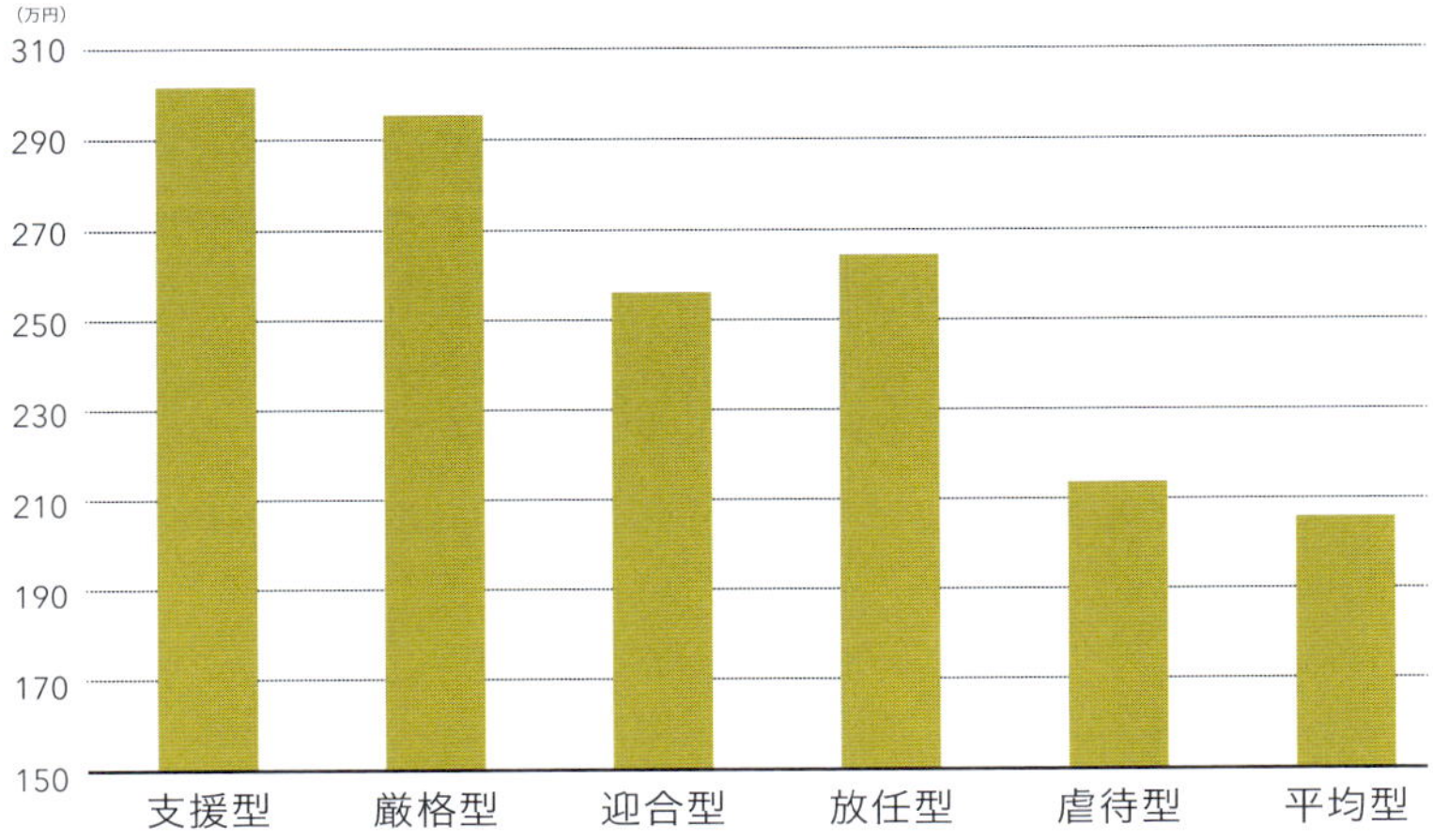

出所：独立法人経済産業研究所『子育てのあり方と倫理観、幸福感、所得形成 —日本における実証研究—』

てはいけないといったルールを無視する傾向があったり、女性の場合は、「親の面倒は見なくてもよい」といった親思いの意識がうすい傾向があったりもしました。

この結果は統計上のもので、絶対ではなく個人差があります。また、あくまでも傾向であって、因果関係までは言えません。

しかし、迎合型の家庭で育つと、どの項目でも支援型（民主型）の家庭の子にはかなわず、男の子の場合は道を踏み外す恐れすらあることが予想されています。もし、お子さんを叱ることがめったになく、**この子は自分がいないと何もできないと思っているような場合は、黄色から赤信号の間の危険な状態になっているかもしれません**。

子育てにはいろいろな考え方がありますが、甘やかしすぎないよう注意したいものです。

第5章

体験する

習慣12

ヒマな時間で創造性を育てよう！

大人になりスマホという文明の利器を手にした今
わーい!!
令和バンザイ!!
これで子どもがヒマすぎて絶望することなんてないぞー!!
コンコンコン
ん?
アベさんまさか車で移動中とか
きぃ〜…
ヒマさえあればスマホで動画を見せていませんか?
え!? 先生!?
見せてますよ
1人1台スマホ
だってヒマなのイヤじゃないですか!!
こんなの
今はあたり前ですよ
ヒマだって
大切なんです

ヒマなとき
パァーー!!
脳は何も
していないときに
もっとも活性化
します
この状態を
デフォルトモード
ネットワーク
と呼びます
脳が主体的に
物事を考えたり
情報処理や判断を
行ったりする働きを
休ませる神経活動の
ことです
アベさんも
経験ありませんか?
ボーッとしている
ときにマンガの
アイデアが
浮かんでくること
……
ありますね

子どもってヒマなとき手元にある物でイマジネーションをフル活用してごっこ遊びをしますよね
ブーーン
キキーーーッ
ヒマな時間は創造性を育てます
しかし令和の子どもはめちゃめちゃ忙しいんです
移動中もスマホ
ベビーカーでスマホ
車も!!
電車も!
スキマ時間も見る!!
多すぎる習い事
プール
ピアノ
学習塾
国語
算数
もはや我が家は令和の縮図ですね
ヒマに絶望していたアベさんの幼少期は実は脳にとってはすごくよかったんですよ!!
ぐっ
えーでもなんか
イヤだと思っちゃう!!子どもをヒマにさせるの難しい～!!

1日10分「何もしない時間」で脳を活性化

●脳全体が活性化するのはボーッとしているとき

マンガでもお話ししたように「令和の子どもはとても忙しい」です。

学校に加え、塾やピアノ、プールなどの習い事。

スマホやゲーム、ユーチューブ、タブレットなどの最新のツール。

小学生、いや3歳児ぐらいになるともう「何もしない、ボーッとした時間」とは無縁の世界なのかもしれません。

しかし、その**「何もしない、ボーッとした時間」こそ、子どもの創造性を育てる大事な時間**なのです。

脳が「何もしない開店休業状態」になると、**デフォルトモードネットワーク**という神経回路が動き出し、もっとも活性化した状態になります。

ちょっと難しい専門用語ですが、この回路は内側前頭前野《ないそくぜんとうぜんや》、後部帯状回《こうぶたいじょうかい》、楔前部《けつぜんぶ》といった脳全体にまたがる創造性やひらめきに関係した部分です。また、自己理解や展望記憶といった未来のイメージの処理も活発になるため、自分のことを整理して、将来何をしたいかというイメージまでしやすくなります。

お風呂に入ってボーッとしているときや寝る前などに、アイデアが浮かんだり、「こんなことしたいな」とふと思いつくことがあるのはこのためです。

一方で、目の前の作業をこなしたり、集中して何かをやっていたりするときは、セントラルエグゼクティブネットワークという神経回路が活性化します。これは、主に外側前頭前野《がいそくぜんとうぜんや》と後《こう》頭頂葉《とうちょうよう》で構成され、「論理・仕事の脳」とも呼ばれています。

この2つのネットワークは、スイッチのオンとオフのように切り替わりながら働いています。

かつての教育では、知識をどれだけ覚えているかを重視していたため、セントラルエグゼクティブネットワークに偏った教育でした。

しかし、これからは、子どもが自分で考える創造性や自己理解などの非認知能力をどれだけ育めるかが大切な世の中になってくると予想されています。実際に、1990年代よりも

2000年代のほうが、頭のよさよりも非認知能力を必要とする仕事が増えているそうです。

これからのＡＩ（人工知能）で単純作業が自動化されていく世の中では、言われたことをこなすだけの人は、社会から必要とされなくなってしまう可能性もあります。

ですから、「この時間をどう楽しくしようか？」と考えたり、自己理解を深めたりする「何もしない時間」が今まで以上に重要になってくることでしょう。

子どもを創造性が豊かな子に育てたいなら、1日10分でかまいませんので、意識的にお子さんの「脳をオフにする時間」を作ってあげてください。

お風呂に入る、散歩をする、家族団らんで食事をする、雲や夜空を眺める、木や川の景色を見る、親と一緒に座禅を組んで瞑想する、スマホを見ない時間をあえて作るなど、頭を使わずに脳をオフにする時間はとても大切です。

世界の偉人として有名なガンジーは「今日は忙しい。だからこそ、いつもより多く瞑想の時間を取ろう」という言葉を残していますが、頭を使う前にゆっくりするからこそ、たくさんの仕事ができることを知っていたのかもしれません。

創造性を育てる環境づくりとは？

創造性を育てるために親ができることはそのほかにもあります。
その参考になる面白いエピソードが、ドイツの文豪・ゲーテの母親であるカタリーナさんの実話です。

ゲーテが幼かった頃、カタリーナさんは息子のために毎晩のように読み聞かせをしていました。その方法は少しユニークなものでした。それは、物語がいよいよ最高潮を迎えるところで「続きはまた明日ね」と伝えて去っていくというのです。

私たちの脳は、途中で終わってしまったことが気になる性質があります。同じようにゲーテも、続きが気になって仕方がありませんでした。

「こんな展開になるんじゃないか」「結末は……」と勝手に妄想しているうちに、彼は次々に素晴らしいストーリーを生み出すようになりました。母親のちょっとした工夫が功を奏し、世界的な天才が生まれたのです。

ゲーテが話の続きを妄想したように、想像の余地を残すことも、創造性を育てる大事なポイントです。

おもちゃでも、あまりにリアルなものを与えてしまうと、創造性が育まれません。飛行機や車の模型もよいですが、小さな子どもは積み木だけでも飛行機や車を勝手にイメージしますし、工夫してお城やお菓子屋さんを作ることもあります。

おもちゃがなかったら、割り箸や画用紙だけで銃や魔法の杖を作れないかと想像を膨らませる子もいます。

工夫してもっと面白くしようという気持ちは、まさに人類が文明を生み出した原動力です。ヒマな時間は、子どもにとって自分で考えようとする大切な時間となります。

また、**創造性は、周りの環境にも影響されます**。

時間を制限すると単純作業ははかどりますが、創造的な作業は真逆です。制限時間内にアイデアを出しなさいと言われると、いいアイデアは浮かんできません。

創造性を最大限に発揮するには、リラックスできる環境が必要です。

実際に、緑を目にするだけで子どもの創造性が伸びるという報告もあります。緑のある庭とコンクリートの庭で子どもに遊んでもらう実験を行ったところ、緑のある庭で遊んだ子どもたちのほうが、遊びの中の工夫が多かったのです。

大人を対象に携帯やスマホといった電子機器を持たずに4日間、自然の中で過ごしてもらった研究もあります。自然の力はやはり大きいようで、18歳から60歳までの参加者全員の創造性が50％もアップしたそうです。

特にスマホは、隣の部屋に置くだけで学習力まで上がることも報告されています。

私たちは何もない空白の時間があると、「どうしたら楽しくなるだろう？」「何をしたら幸せだろう？」と自発的に考えます。

つまり、自分で考える力、意欲や好奇心まで育まれます。**マインドワンダリング**とも言いますが、物事を計画する力や創造性だけでなく、問題解決力まで上がることもわかっていますので、ヒマな時間を親子で大切にしてみてください。

習慣13

しっかり睡眠で心と頭を育てよう！

スピ
スピ
オレたちが子どもの頃って夜の8時頃には布団に入っていたよな～
そうそうもう10時なんて深夜くらいの気分だったもん
寝る子は育つと言うけれど…
難しいよね
カラン
カラン
Coffee West
かくかくしかじか子どもの睡眠時間気になってはいるのですが
まあ元気だしいいかな～って日々先送りしちゃうんです
また来ちゃいました

「寝る子は育つ」体の成長はもちろんですが
寝る子は"心"も"頭"も育つんです!!
メェー
メェー
メェー
睡眠時間が長い子どもはこんな傾向があります
セルフコントロール力がアップ
メェ〜
成績が上がる
メェ〜
えー!! こんなよいことが!!
逆に睡眠不足によって
脳の中で記憶を司る『海馬』という場所が小さくなってしまうんです
寝不足つらいんですわ
海馬
睡眠時間ってとても重要なんです

日本の子どもは世界的に見ても寝ている時間が短いんです
上位はなんと
13時間以上!!
ぐっすりです!!
ワースト3は
12時間以下!!
日本は11.6時間で最下位
ニュージーランド
イギリス
オーストラリア
日本
インド
韓国
0～3歳の睡眠時間
ひーっ!!赤ちゃんのときから寝不足って!!
やっぱり子どもたちもボクら世代のように夜8時には寝ないとダメですか!?
早めの就寝は理想ですが令和の親には大変なこと
夜の10時までには入眠しているように頑張ってほしいです!!
本日のデザートは
チーズケーキです
10時!?
10時ならできそうな気がします!!
もっと早いかと思った!!

十分な睡眠が記憶力・学習効率・セルフコントロール力を上げる

大人も子どもも日本の課題は短い睡眠時間

みなさんのお子さんは、睡眠時間をしっかり取れているでしょうか。

マンガで紹介している世界の睡眠時間は、アジアの12カ国と欧米やオセアニアの5カ国の0歳から3歳の約3万人のリサーチ結果です。

睡眠の長さが1位だったのは、ニュージーランド（13・3時間）で、上位3カ国（2位イギリス、3位オーストラリア）はいずれも13時間を超えていました。

一方で、ワースト3が、12時間を下回った日本、インド、韓国でした。

なかでも日本は最下位で、平均睡眠時間が11・6時間という結果になりました。

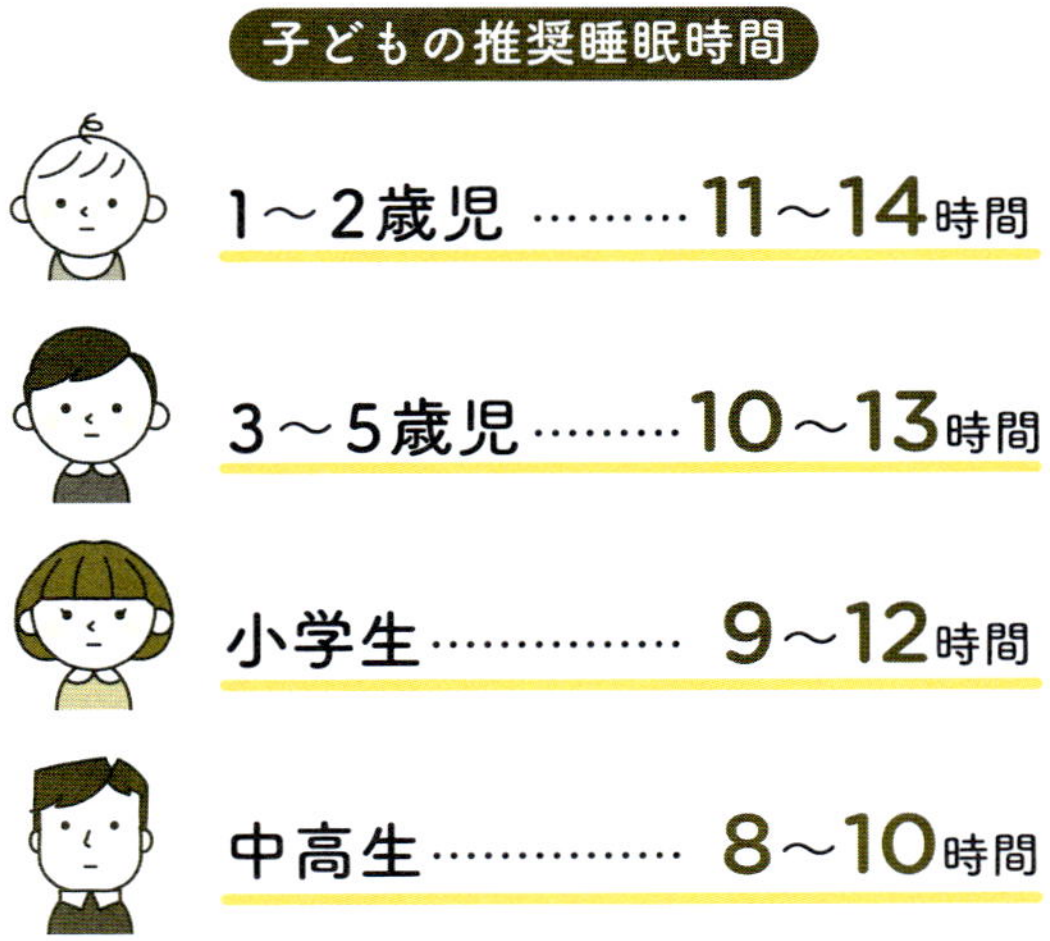

※厚生労働省資料を基に作成

少し上の年齢の子どももその傾向は変わりません。

理化学研究所と東京大学のグループによる小中高生を対象にした「子ども睡眠健診」プロジェクトでは、腕時計型のウェアラブルデバイスを用いた睡眠測定が行われています。

２０２４年の中間報告では、約７７００名の子どもたちのデータを調べたところ、その半分以上は、厚労省が推奨する睡眠時間（上図参照）を満たしていなかったそうです。

みなさんのお子さんの状況はいかがでしょうか？

睡眠は問題解決力を高める最高の方法

世界的な科学誌である『ネイチャー』で、睡眠の力について面白い論文が発表されました。それは、最初に超難問と言われる難しい問題を見せて、８時間後に答えてもらうという実験です。ちなみに、次の3つの中で、どのグループがいちばん難問を解けたと思いますか？

A：日中8時間勉強してから、問題を解いたグループ

B：8時間寝てから、問題を解いたグループ

C：徹夜で8時間勉強してから、問題を解いたグループ

正解は、「B」の8時間寝てから、問題を解いたグループでした。

しかも、AとCの正答率はそれぞれ同じ20％でしたが、Bのグループはその3倍のなんと60％という正答率でした。

正答率が20％というのは、かなり難しい問題だと思われますが、睡眠を十分に取ると難問でも頭がさえて、ひらめきが生まれやすくなるようです。

睡眠中は146ページでお伝えしたデフォルトモードネットワークも働きます。**脳が最高に活性化する時間のひとつ**です。睡眠のしくみはまだ十分にわかっているわけではありませんが、脳は眠りについている間に、何もしていないわけでなく、一日に体験したあらゆる情報を整理して、統合していると考えられています。

よく仕事で悩んでいるときに、朝起きたらいいアイデアがひらめくなんてことがありますが、これが睡眠の情報処理による効果です。

子どもは友だちや勉強のことで悩んでいても、1日寝て朝起きたらケロッと忘れていることがあります。これも寝ている間に自分の中で問題が処理されて、脳が問題を解決してしまった現象とも言えるかもしれません。

夜更かしがよくない本当の理由

よくカッとなって、キレやすい子どもがいますが、この原因のひとつがセルフコントロール力の弱さです。

実は、**睡眠不足は、本来のセルフコントロール力を弱める**ことがわかっています。

徹夜明けやあまり眠れていない日の朝に「感情がうまく制御できず、些細なことにもイライラする」といったことは、みなさんも心あたりがあるのではないでしょうか？

実際に、夜の10時（22時）までに寝る子どもたちは、セルフコントロール力が高く、反対に、寝不足だとセルフコントロール力は下がってしまうという研究データもあります。

学研総合研究所では、約35年前から子どもの睡眠の調査を行っています。それによると、1989年と比べて、現代の小学生の就寝時間は30分近くも遅くなっているそうです。

また、就寝が22時を過ぎる子は学年が上がるほど増え、6年生では約半数が22時過ぎというデータになっています。

子どもが夜更かしして睡眠時間が短いと、次の朝は問題解決力もセルフコントロール力（前頭前野の力）もガクンと下がった状態で学校へ行くことになります。前頭前野が働かないというのは、大人で言うと「お酒で酔っ払った状態」です。さらに睡魔も襲ってきます。

そんな状態で、勉強やスポーツをしても、本来の子どもの能力は十分に発揮できないかもしれません。おのずと成績にも影響が出るでしょう。

実際に、アメリカの高校生120人を対象にした調査では、成績がよくない学生はすぐれた学生よりも睡眠時間が平均して約25分短かったそうです。ちなみに、成績がよかった子どもの睡眠時間は約7時間半でした。

高校生としては比較的長いほうで、就寝も22時半で早めに眠りにつく子が多かったそうです。

そのほかにも、子どもと睡眠にまつわる興味深い研究があります。東北大学の研究では、**睡眠時間の長さは脳の記憶を司る海馬の大きさに影響する**ことがわかりました。

５歳から18歳の子ども２９０人を対象に平日の睡眠時間と海馬の体積との関係を調べたところ、睡眠時間が長い子ほど、海馬の体積が大きかったそうです。

つまり、睡眠が不十分だと記憶の定着が悪くなり、学習の効率も悪くなってしまうというわけです。

このような研究で明らかになっていることを考えると、睡眠を十分に取るに越したことはないでしょう。

誘惑に負けやすく、衝動的に行動してしまうのは、子どものせいではなく、睡眠の環境のせいかもしれません。

できれば、22時までには眠りにつくようにしたいところです。

寝る時間を早めて、ぐっすり眠るだけでたくさんのメリットがあります。子育てに仕事に大変なこともあると思いますが、大人も子どもと一緒になって、１分でも早めに就寝できるよう、今日からでも習慣づけしてみてください。

習慣14

モノより体験に投資しよう！

忙しい令和の親にとって
インターネットは相棒だ
忙しくて
お店に行く
時間がないいんだよ～!!
でも…
本当は…
置き配
実際にお店に行って
見てさわって
感じるって体験が
必要だろうな～とは
思っているんですよ～!!
どっちの色にする？
うんうん
そうなんです
体験って
脳にはとても
大切なこと
なんです
おじゃましてまーす
やっぱり～!!

今の子どもたちはとても便利な世界で生きていますよね
自動洗浄のトイレ
ジャーッ
ピカッ
センサーライト
世界中を見ることができる動画
北極から南極どこまでも
自動水栓
39℃
自動でお湯張り
ピッ
ウィーーン
← ロボットクリーナー
たしかに私の子どもの頃とは違います
体験への投資はメリットばかりです
ドン!!
創造性
学習意欲
自尊心
人生ではじめての体験であればなんでも大丈夫
たしかに!!
新しい体験は大事だなと思ったことがありました!!
家族旅行に行ったホテルのお風呂がお湯と水を自分で調整するタイプで
自動じゃないの!?
プチパニック
どうやってお風呂入るの!?
うちの子このタイプのお風呂の入れ方知らない!?

長男に
使い方を教えて
お風呂を入れて
みたところ…
水
お湯
温度を調整するのに
すごく苦労してて
ジャーーッ
あつい!!
水だ!!
入れすぎた!!
ぬるい!!
1時間くらいかかりました
おおーっ!!
それはいい経験を
しましたね!!
パチパチ
自分では当たり前の
知識でしたが
便利がゆえに
子どもの生活力が
ないことを知りました
いつか自立する
ことを考えるとコワイ!!
おでかけや旅行
はじめてのスポーツなど
大がかりな体験は
もちろんですが
スゴー!!
レジリエンスが
育ちます!!
日常の中にある
あらゆる
体験をさせて
みましょうね!!
今日は車じゃなくて
電車でおでかけ
してみようかな!!

モノよりも体験に投資する意味って？

体験の思い出は自信につながる

子どものためにお金を投資するなら、何かを買い与えるよりも、体験の機会を提供するほうがおすすめです。なぜなら、**モノを買ったときの幸せは長続きしない**からです。

みなさんも、ブランドのカバンを買ったときは嬉しいですが、時間がたつと当初の幸せは消えてしまい、「次の新しいカバンを買ってみよう」と思ったことはなかったでしょうか。私たちの脳には慣れという感覚があります。ずっと同じものを持っていると、脳が学習してそれが当たり前だと思ってしまうのです。

しかし、体験はどうでしょうか。家族で旅行して最高の夏休みを過ごした体験、はじめての動物園で本物の動物に出会えて感動したこと、山頂からご来光を見たり、誕生日に素敵なレストランに行ったこと、苦労を重ねてきて成果が出た瞬間など、私たちは体験したときの幸せを、ありありと思い出すことができます。

同じ夕日を二度と見ることができないように、体験は、脳にとってとても貴重なものです。だからこそ、ずっとその気持ちを大切にできるのかもしれません。

こうした**体験の思い出は色褪せることがなく、振り返るたびに楽しかった気持ちがよみがえってくるため、子どもの自信にも大きくつながります**。

最近は、インターネットや１００円均一ショップなどで安くおもちゃが買えるため、たくさんのおもちゃを買い与える（モノに投資する）親御さんをよく見かけます。

しかし、たくさんのおもちゃは、子どもの集中力や意欲を下げてしまうことがアメリカのタフツ大学の研究で報告されています。

あまりに多くのおもちゃを与えられた子どもは、脳に慣れが生じて、遊ぶ意欲が低下し、おもちゃで遊ぶ時間が2倍も減ってしまったのです。よかれと思って投資したことで、逆に子どもの意欲を減らしてしまうリスクがあるわけです。

また、モノがたくさん欲しいという子どもは、自尊心（自分自身を大切にする気持ちや、自信、自己肯定感といった感覚）が低いという研究結果もあります。

8～9歳、12～13歳、16～18歳のそれぞれの子どもの自尊心をチェックして、「何があなたを幸せにするか？」というアンケートを行いました。

すると、自尊心の低い子どもは、どの年代も「友だちと過ごすこと」や「楽しく遊ぶこと」よりも、「お金」や「ブランド品（おもちゃも含む）」と答える傾向があったのです。

自信のなさを補うために欲しいモノを手に入れる。すると、一瞬は幸福感に包まれますが、長続きしません。

最近はショッピング中毒になっている人が問題になることがありますが、モノではなく新しい体験を通して喜びを感じることが増えていけば、やめられるかもしれないのです。

体験は創造性も高めるアイデアの源泉

子どもは頭がやわらかく、発想が豊かです。葉っぱとスカーフとの組み合わせで妖精の衣装を作ったり、ほうきとラジコンを組み合わせてリモート掃除マシーンを作ったりと、大人が舌を巻くこともあります。

ただ、葉っぱを見たことがなく、スカーフも知らなかったら、妖精の服は作れません。ほうきやラジコンもそうです。知識や体験が少ないと、生まれてくる発想はどうしても限られてしまうのです。

最近では体験格差という言葉をよく耳にします。特にこの格差は年収に比例するようで、所得が低い家庭ほど学校以外の体験が少なくなっているようです。

しかし、**お金をかけなければ体験ができないわけでは決してありません**。

自然が豊かな場所や公園へでかけるのもいいですし、図書館では無料でたくさんの本を読めます。無料の科学館、動物園、体育館、地域センターから、スケートボードパーク、ピアノの無料体験までどんなものでも大丈夫です。

ただし、案内役が張り切りすぎるのは禁物です。子どもは大きな変化に恐怖を感じます。たとえば、本人が行きたがっているわけでもないのに、魚を見るのが好きだから、いきなり釣りに連れて行くなどは、逆に痛みになってしまう可能性があります。

もちろん、たまには「こういう世界もあるよ」と、思い切って未知の世界を体験させることも大切ですが、できれば、前もって本や動画で予習をしておくなど、未体験への恐怖感を少しでも和らげ、興味を持ってもらうことからはじめるのがおすすめです。

ちょっとした不便の体験が考えるきっかけになる

今の子どもたちにはかわいそうな面もあります。世の中が便利になった結果、本来できる体験の機会が奪われているからです。

たとえば、インターネットは便利で、必要なことだけを効率よく調べられます。欲しいものもすぐに探せて、自宅まで届けてもらえます。

ただ、便利だからと使っていると、今度は購入や閲覧の履歴から、自分の趣味に合ったものばかりが、ネットなどでおすすめされるようになります。これでは、なかなか体験の世界は広がりません。

よくウィンドーショッピングしていると、思いがけず素敵な商品と出会うことがあります。みなさんにも、自分が思っていたものではないけれど、意外とこんなものが好きなんだなと思った経験はないでしょうか。

書店で目的の本のところに行こうと思ったら、まったく違うジャンルの棚に自分が求めている本があったなんてこともあるはずです。

ネットで買うよりも面倒に思うかもしれませんが、自分にとって本当に必要な情報を広げる出会いの場はこういったところにこそあったりするのです。

私の知り合いのある有名な幼稚園の園長先生が面白いことを言っていました。

今は便利な世の中だから、わざと園の中に不便なところを作っているというのです。園舎はとてもキレイで新しいのですが、わざとドアと壁に隙間が開くようにしています。すると、冬はすきま風で寒いため、園児たちはどうやって部屋を暖かくしようかを考えるそうです。

よい体験だけでなく、ひとつ一つの不便な体験も確実に子どもを成長させていきます。

インターネットや、衣食住まで、子どもにとって便利な世の中だからこそ、少しばかりの不便な体験を大切にしてください。

習慣15

忙しい朝こそ音楽を！

※実際の西先生は歌っておどることはありません

時には悲しい
気持ちになったとしても～♪
ピロ～ピロロ～
チーーン
ハッピーな曲でマイナスな気分を打ち消すこともできる～!!
それが音楽のチカラ!!
朝から私らは…
何を見せられているんだ…
イエーイ!!
パチパチ

いってきまーす
スミマセン
忙しい朝の時間に…
どうしても
音楽の大切さを
お伝えしたくて
音楽の大切さは
よくわかりましたが
子どもを送り出すだけでヘトヘト
子育てにどう
取り入れたら
効果的なんですか？
まさに忙しくて
イライラする
コケコッコー!!
朝
朝ですよ!!
えーっ!!
忙しい朝に
音楽ですかぁ

テンポの速い曲を流すと人間の動きはスピードが上がるんです
ランチタイムのレストランでテンポの速い曲を流すと
席の回転率が上がって売上が上がるんです
ごちそうさま〜
テンポの速い曲を忙しい朝に流すと
テンポ良くモグモグ〜♪
テンポ良くお着替え〜
自然と行動がテンポよくなります
あ!! 私それに似た経験あります!!
長男がテンポの速い曲を練習していると…
あせあせ
すごーく料理がスピーディに仕上がるんですが
ベートーヴェン「月光」第3楽章

逆にゆったりとしたテンポの曲を練習されると…
シューマン「トロイメライ」
まったり～
なんだかゆっくり煮込み料理が作りたくなるんですよね…
コトコト
ポトフ～
まさに音楽のチカラ!!
子育て中はなかなか自分の好きな音楽が聴けず
これ大好き!!
イライラしてしまうこともあるでしょう
我慢してイライラするより好きな音楽を生活に取り入れて
次はママの好きな曲聴こうよ
いいよ!!
音楽のチカラを借りてラクに子育てしてみては?

忙しくてイライラする朝ほど音楽のチカラを借りよう

●余裕がないときこそ音楽を流そう

あなたの家では、一日の中でどれくらいの時間、音楽が流れているでしょうか？
ふだんは、意識しないかもしれませんが、近年の研究によって、音楽には脳にとてもよい効果があることがわかってきています。

好きな音楽を聴くと、脳内で快感物質ドーパミンが分泌されるため、幸福度が高まります。同時にストレスホルモン（コルチゾール）まで減るため、気持ちまでラクになります。

さらに音楽は私たちの考え方にも影響します。
絵画を鑑賞する前に、違う種類の曲を聴くと、見ているのは同じ絵のはずなのに、音楽で絵の印象がガラッと変わります。

ハッピーな曲を聴くと絵を楽しく感じ、マイナーコードのもの悲しい曲を聴くと悲しい絵だと感じるのです。

体が痛いときにも、音楽を流すと痛みが消える（軽くなる）こともわかっています。子どもが怪我をして泣いているときに、音楽を流してあげると、泣き止んでくれる可能性が高まるということです。

なお、悲しい曲のほうが気分の切り替えに役立つこともあります。悲しんでいるときは、ハッピーな曲よりも悲しい曲を聴くほうが幸福度を高めるという研究結果があるからです。人は周りに自分の気持ちに寄り添ってもらえると、幸福度が高まります。悲しい音色は、その「誰か」に代わって、子どもに寄り添ってくれる役割を果たしてくれるのです。

テンポを意識すれば言葉なしでも動いてもらえる

また、街にでかけると、たくさんの音楽が流れてきます。聴く音楽によって気分が変わりますが、このとき、もうひとつの変化が起きていることにお気づきでしょうか？

それが、**体を動かすスピードの変化**です。

回転を速めたいレストランで、テンポが速い曲が流れているのはよく知られていますが、これは、人はリズミカルな音楽を聴くと、テキパキと行動するようになるからです。

毎朝、親が慌ただしく家を出る準備をしている一方で、子どもだけがスローモーションのようにのんびり動いている――なんてことはないでしょうか。

「早く着替えてよー」、「そろそろ朝ごはんを……」と祈るような気持ちになることもあります。

そんなときに役立つのが、アップテンポの音楽です。

テンポのよい曲が、お子さんがお気に入りの曲であれば、ドーパミンも出るため、さらにやる気も高まります。

反対に、子どもの早食いや食べ過ぎが気になる場合は、ゆったりとしたリラックスできる音楽を流すといいかもしれません。テンポがゆっくりなＢＧＭは、食事の速度も遅くするという研究結果もあります。

また、**音楽は、セルフコントロール力を鍛える**ことにもつながります。

私は、全国の２００以上の幼稚園で園児たちのセルフコントロール力やレジリエンスの分析を行ってきました。

その際に行うのが小さな子どもでも測定できるようにオレゴン大学がアレンジした方法で、

「頭」と言ったら足を触り、「足」と言ったら頭を触るというシンプルなテストです（ＨＫテストと呼んでいます）。分析する中で、スコアが高い園の傾向として顕著だったのが、ふだんから園内でたくさんの音楽を流していることでした。

なかでも飛び抜けてスコアが高かった園では、音楽を使ったあるゲームを頻繁に楽しんでいました。速いテンポの曲が流れたら素早く動いて走り、スローテンポの曲ではゆったり歩くというゲームです。

いたってシンプルなルールですが、ゲームを楽しんでいる間、子どもたちは自分の好きなペースではなく、音楽に合わせて動きを調節しなくてはいけません。そのため、自然とセルフコントロール力が身についていたのです。

このゲームは幼稚園や保育園、小学校低学年ぐらいのお子さんには特に有効ですので、家庭でもぜひ試してみてください。一家団らんの時間にもなるのでおすすめです。

言葉の才能にも影響する音楽のパワー

音楽は言葉の力にまでいい影響を与えることもわかっています。

ワシントン大学のザオ博士らが生後９カ月の赤ちゃんに行った実験では、音楽を聴かせると会話に関連する脳の部位の成長が促されることが発見されました。

カナダにあるマックマスター大学の研究グループによる4～5歳児の実験では、音楽を聴き取る能力が高い子は言語能力の高い子が多いという結果も出ています。

言葉も音楽と同様にリズムで構成されています。そのため、幼いうちから音楽を通してリズムを学ぶことが、言葉にもよい影響をもたらすのかもしれません。

第6章

子どもにまかせる

習慣16

かわいい子には**お手伝い**をさせよう！

お手伝いは
子どもにまかせる
ということです
うーん…その「まかせる」が難しいんですよね
でもねアベさんお手伝いをした子どもにはいろいろよいことがあると
研究でわかっています
成績がいい
仕事で成功しやすい
人間関係が良好
自分のことは自分でできる
毎日は大変かもしれませんが
ときどき子どもに「まかせる」ことを習慣づけていきたいですね

親たるもの ついつい
いろいろ 口出ししたく なるんですけど
お手伝いは がんばります
その気持ちは とてもよく わかります
それが 親という ものですから
親心
子どもの 人生に レールを敷く 親がいますが
親がすべきことは レールを敷くのではなく
地図を 渡すことです
世界地図
世界地図

子どもの見ている世界はまだとても小さい
ここに行こう!!
それはペンライトで地図を照らしているようなもの
もっと大きなライトで地図を見せてあげるのが親の役割です
大人が知っている大切な知識を伝えるんですよ
世の中にはいろいろな楽しいことや面白いことがたくさんあるしかも今は自分の好きなものを選んでいける時代ですそのありがたさや感謝を伝えてあげるんです
すると子どもは自然と好きなものを選び自分が行きたい道を自ら歩んで行くようになります
じゃあボクはこっち
わたしはこっち
MAP
MAP
えーっ!? まかせて大丈夫ですか!?

もちろん道を
外れそうになったら
そっちに行くと
こんなことが
起きるよ
そうなの!?
親がまた地図を
示してあげて子どもに
考えさせるんです
MAP
アベさんも
自分で選択して
マンガを描いて
はい
幸せですか?
やりたいことが
できているので
幸せですね
自分で選択した道は
結果はどうであれ
幸福度が高まります
何ごとも
最後は自由に
選ばせることが
子どもの人生を
作っていくんです

お手伝いを通してまかせる天才になる

幼いうちからのお手伝いが将来の成功につながる

「洗濯物たたみたい！」「ニンジン切るの手伝いたい！」「掃除機かけたい！」

小さい子どもでも、お手伝いが大好きな子がいます。

親からすると、子どもに頼むと時間もかかるし、きちんとやってくれる保証もないので、「いいよ、私がやるから大丈夫！」と言いたくなることもあるかもしれません。

ただ、このお手伝いの習慣について、ひじょうに興味深い研究結果があります。**幼いうちから家の仕事をまかせることが、その子の将来にもいい影響をおよぼす**ようなのです。

この研究は、アメリカにあるミネソタ大学のマーティー・ロスマン教授が行ったものです。

ロスマン教授は、84名の3～4歳児に対して、お手伝いの習慣があるかどうかを聞きました。

そして、子どもが9～10歳、15～16歳になったとき、最後は20代半ばになったときに、電話でヒアリングして子どもの学業成績や人間関係などを調べてみました。

その結果、もっとも社会的な成功をおさめていたのは、15歳や16歳になるまでお手伝いをしていない子どもよりも、「3〜4歳の頃からお手伝いをしていた子ども」だったのです。

早くからお手伝いをしていた子たちは、学業成績がよい、仕事で成功しやすい、家族や友人との人間関係が良好、自分のことを自分でできるといった傾向がありました。

まさに「こんな大人に育ってくれたらなあ」と多くの親が思い描く理想の姿とも言えるのではないでしょうか。

お手伝いについては、ハーバード大学医学部の研究で、子どもの頃にお手伝いをしていた子どもほど、大人になってからの精神的な健康レベルが高いという報告もあります。ほかに一緒に料理を作ると向社会性（他者を助けたり、他者のためにあることをしようとしたりする感情や行動など）が高まるという報告もあり、きょうだいやペットの面倒を見ることは非認知能力を伸ばすと言われています。

まかせることの大切さを知れるＢＹＡＦ法

お手伝いの本質は、まかせることです。まかせることには、「あなたを信頼している」というメッセージが含まれています。

だから、子どもはお手伝いをまかされると大喜びでやってくれます。

しかし、親御さんの中には、どうしてもうちの子どもにはまかせられないという人がいるかもしれません。もちろん、これまでの経験の中で、まかせてうまくいかなかった、時間がもったいなかった、といった痛みを感じる経験があったかもしれません。

そのようにまかせることが苦手な場合でも、改善できる対処法がありますので、紹介したいと思います。それは、**ＢＹＡＦ法**というコミュニケーションスキルです。

子どもに「これをやってほしい」と伝えるとき、言いたいことをすべて伝えた後に、**「でも、最後はあなたの自由だからね**」と伝えて終わると、その子の行動に移す確率が２倍もアップするというコミュニケーションスキルで、世界の数々のリサーチから裏付けられた信頼性の高い方法でもあります。ちなみに、ＢＹＡＦとは、But You Are Freeの略で、「でも、あなたの自由だよ」という意味です。


たとえば、子どもが大切な発表会の準備をしていなかったとしましょう。そのときに、「早く準備しなさい！」と言っても、なかなか準備をしてくれません。

これは88ページでもお伝えしたように、命令されることで、子どもが逆に準備をしたくなくなるからです。

そんなとき、「発表会の準備をしていないんだね。今回の発表はみんな見にくるし、先生も楽しみにしていると言っていたよ。友だちもみんな練習しているんだって。本番で本来の力を発揮できなかったら、あなたも悲しいと思うだろうし、お母さんも少し悲しいな。でも、練習するかしないかは、あなたの自由だからね」と言って、去っていくのです。

それだけで、子どもが行動してくれる確率が2倍アップします（10％だったら、20％になり、40％だったら80％になります）。

まかせることには不安があるかもしれませんが、**「子どもにまかせた」→「行動してくれた！」という成功体験をすると、「まかせること」＝「快感」になり、まかせることが少しずつ楽しくなってくる効果が期待できます。**

親にできるのは地図を渡すこと

命令するのではなく、好き放題させるのでもなく、伝えたいことをすべて伝えたうえで最後は自由に選ばせるというBYAF法の考え方は、子育ての天才の本質的な考え方です。

よく子どもが「これをやりたい！」と言って、まるで芸能人のマネージャーのように「はいはい、その通りにします」という人がいますが、子どもが間違った方向に行こうとしている場合は、決してその通りにやらないほうがいいことがあります。

子どもは経験や知識が少ないため、見えているのは広い世界のほんの一部です。

世の中には、子どもが知らない体験や遊び、芸術活動からスポーツ、学問、娯楽や想像を超える景色や情報などが山ほどあります。それを知らずに、子どもは小さなスポットライトだけで正しい判断をしようとして、道を誤りそうになるときがあるかもしれません。

そんなときに「こういういいこともあるよ」「こういう考え方もあるよ」「こういうやり方もあるよ」とマップを与えて、**子どもが見えていないもっと広い世界を照らしてあげるのが、私たち大人の役割**だったりします。

マップを見てどこに行こうかと決めるのは子ども自身。自分で考えることで意欲や好奇心も高まり、情報が増えると創造性も上がっていきます。また大切なことをまかされた喜びを通して、本来の自信や自己肯定感まで高まります。視野が広がれば、問題も解決しやすくなり、ストレスもなくなっていくでしょう。

特に最近は、ファクトチェックされていない誤った情報が、インターネットやＳＮＳにたくさんあふれています。正しい情報かどうかを見極めるためにも、ぜひ、子どもに経験豊富な親のマップも渡してあげてください。

習慣17

目の前の我が子をしっかり見つめよう！

勉強はもちろん
習い事の
スポーツや芸術も
そうなんですが
もっとやれば
難関校に
入れるかも!!
もっと
練習すれば
一流のアーティスト
になれるかも!!
ついつい子どもに
過度な期待をして
しまいがち
もっとレッスンを
受けたら
オーディションに
受かるかも!?
頑張れば
オリンピックも
夢じゃない!?
しかし
それは
ペンギンに
ペチ
ペチ
ほらペンギン!!
鳥なんだろ!!
飛べ!!
飛んでみろ!!
えー…
無理だし
と言っているようなもの
さらには子どもを使って
自分の夢を叶えようと
する親もいますし
オレは甲子園に
行けなかった…
おまえに
お父さんの
夢を託す!!
一緒に甲子園
目指そうな!!
ボクはサッカーが
好きなのに…!

ウチの子は
〇〇中学なの～
あの難関校の
〇〇中学⁉
スゴイわ～‼
うらやましいわ
キャーッ
キャーッ
子どもを自分の
アクセサリーのように
利用する親も…
子どもをまるで
自分の所有物と
勘違いしています
しかし
子どもは
親とは
まったく
別の人間です
子どもには
子どもの人生が
あることを
忘れては
いけません
親
人生丸
子
人生丸

子どもの脳の
発達スピードは
個人差が大きく
同じ年でも
成長度合いが
バラバラです
うちの子は
〇〇がまだ
できない…
ほかの子との
比較は厳禁
ボクは子どもの頃
話し方を比較
されてしまって
人前で話すのが
苦手になったんです
今は大丈夫ですが…
たしかに
親にほかの子と
比較されるって
すごくイヤな
思い出ですね
まだ見ぬ未来ばかり
見ていないで
目の前の
今の子どもにピントを
合わせて子育てして
いきたいですね

周りではなく目の前の我が子をしっかり見つめる

気をつけたい自己中心的な子育て

子育てが上手な人は、子どもの目線に立てる人です。
子どものことを考えずに、マンガのようなペンギンに飛ぶことを要求する親になっていないでしょうか。

みなさんは大丈夫だとは思いますが、簡単なテストをしてみたいと思います。私が「**ひたEテスト**」と呼んでいるものです。

指を使って、額にアルファベットの「E」という文字を書いてみます。何も考えずに「こうかなあ」と感覚で書いてみてください。

すると、「E」の書き方は2つのパターンに分かれます。「E」の縦線が、右にくるか、左にくるか、どっちかです。

①自分から見て左側に縦線を書いた場合↓自分から見ると「E」になります。
②自分から見て右側に縦線を書いた場合↓相手から「E」に見えます。

これでわかるのは「自分中心な考え方の度合い」です。専門用語で「自己中心性バイアス」と言いますが、**①の自分側から「E」に見える字を書く人は、自己中心性バイアスが高い傾向があります**。反対に、**②の反対側から「E」を書く人は、相手の立場で物事を見る傾向があります**。

特に母親は、ふだんは思いやりがあっても、我が子のことになると自己中心性バイアスが高くなる傾向があります。

もし①だった場合は、気づかないところで子ども視点に立てていないことがあるかもしれません。常にではなくていいのですが、一瞬一瞬を子どもに寄り添えているか、最近のことを振り返ってみると、視点が変わりやすくなります。

発達のスピードは人それぞれ　急ぐのは厳禁

オムツが取れない、落ち着きがない、友だちがいない、自分の意見を言えない、怖がりで、すぐに泣いたり怒ったりするなど、子育てをしていれば、不安になることもあるかもしれません。

しかし、子どもの脳は未発達です。

脳の司令塔とも言われている**前頭前野《ぜんとうぜんや》**は、25～30歳になる頃まで成長を続けると言われています。**発達のスピードは人それぞれで、小学生のうちは個人差が大きいですが、高校生ぐらいになるとその差はほとんど縮まっていきます**。

なのに、私たちは「隣の芝生は青く見える」ではないですが、どうしても周りが気になってしまって、周りの子と我が子を比較してしまうことがあります。

しかし、比較は子どもによくない影響を与えるため、注意が必要です。

理解を深めていただくために、アベさんのマンガにも出てきた私の子ども時代の体験を紹介したいと思います。

私が小学生だった頃、友だちに連絡するときはいつも家の電話を使っていました。その日も、友人宅に電話をかけ「〇〇くんいますか？」と伝え、いつものように話して電話を切りました。すると、突然母から「●●くんのほうが電話の話し方がうまいね」と言われたのです。母からすれば、何気ない一言だったかもしれません。

しかし、それ以来、私は「自分は話すのが下手なんだ」とショックで、電話をすることすら嫌になりました。そして、人前で話すことが苦手になってしまったのです。

しかも「自分は人より劣っているんだ」と思いはじめて、周囲の人を上下で見るようにもなりました。

「この人は自分よりすごい」

「この人は自分より劣っている」

という目で人を見てしまっていたのです。周りからすれば、そんな人はただの嫌なやつかもしれません。

もちろん、今はそんな目で周囲を見ませんし、人前での話も楽しくできるようになりました。しかし、子どもの頃はかなり引きずって苦労した時代もありました。

最近は親同士のＳＮＳで同じクラスの子どもの情報がどんどん入ってきます。焦りを感じることもあるかもしれませんが、**大切なのは、目の前の子どもがどれだけ成長したかを見てあげること**です。

子育てではすべてが思い通りにならず、ため息をつきたくなる場面もあるかもしれません。そんなときは「以前は時間がかかったけど、かなり早くできるようになったな」「最近は言葉づかいが随分と大人になってきたな」「小さい頃は病気がちだったけど、かなり強くなってきたな…」のような感じで、**過去の子どもの状態と比較してみる**のです。過去と比較することで、我が子の成長と喜びを感じられれば、そこから少しずつ周りとの比較は消えていくことでしょう。

親が幸せになることが、子どもの幸せにつながる

慣れないうちは、目の前の子どもだけを見てあげることが難しいかもしれません。でも、**比較が自然と消えていく究極の方法**があります。

それは「**私たち親が今よりもっと幸せになる**」ことです。

なぜなら私たちは、幸せでないとき、小さなことが気になって比較をしてしまうからです。

心が満たされると、些細なこともそれほど気になりません。

そのためにも、**ふだんから自分を満たしてあげる習慣**が大切です。

この本でお伝えした成功日記もそのひとつです。

「今日はどんな小さな成功があったのだろう？」と振り返ると、「子どもの笑顔に触れたとき」「大好きな本を読んでいるとき」など、大きなことではなく、小さなことの中に幸せを感じる自分に気づくかもしれません。

イライラするときは、休息が必要というサインであったりします。一杯のコーヒーの香りをかぐだけでも、脳はリラックスしますし、マイタイムを持つことも大切です。子どもが寝付いた後に、映画や読書、アロマを焚いて入浴など、自分だけの時間、幸せや喜びを感じる時間を持つことは、私たちの心を自然と満たしてくれるでしょう。

本書の内容は、大人の幸せにもつながります。自分の努力をたまにはほめてあげる。「おしい!!」と言ってあげる。自分に「〜していい？」と問いかけてあげる。ワクワクする体験に投資したり、たまにはボーッと温泉につかってみたりする。悲しいときは音楽をかけ、過去の自分と比べてどれだけ成長したかを感じて喜んであげる。

すべての習慣が、子どもだけでなく私たちの幸せにもつながっていきます。

大人が輝くと、子どもも輝きます。子どものためにも、まずは私たち大人がもっと輝いて、幸せになっていくことが大切なのです。

おわりに

最後まで読んでいただき、ありがとうございます。

私もこれまでたくさんの本を書いてきましたが、マンガとのコラボははじめてで、未知の体験の連続でした。


漫画家のアベさんとの出会いは、2024年の2月の寒い時期でした。

出版社の紹介でオンラインではじめてお会いしましたが、愛嬌とユーモアと才能あふれる素敵な方で、子ども想いの三児の母。かつ、お仕事もバリバリされていて日々大奮闘のご様子でした。

この方と一緒だったら、きっと素晴らしい作品ができるに違いない！　そう意気投合してスタートしました。


それから1年の制作期間を経て、ようやく誕生したのがこの本です。

科学とマンガ、男性と女性の著者、一人っ子と兄弟3人の家族、異なる視点がここまで融合した子育ての本は、これまであまりなかったかもしれません。

まさか私が歌って踊ったり、キラキラしたり、コーヒーのマスターになったり、笛を吹く…なんて想像もしませんでしたが、マンガのコマが送られてくるたびに、笑ったり、うなずいたり、涙したり、言葉を超えたマンガの素晴らしさに感動しました。

3人の子をお持ちの働くママだからこそ表現できた内容もたくさんあったと思います。一人ではこのような作品は作れませんでしたので、アベさんとそのご家族　引き合わせてくださった編集の財津さんには、この場を借りて心より感謝いたします。

あと私の話で恐縮ですが、私は小さい頃はとてもおとなしい子どもでした。

塾やスマホなどもなく、学校が終わったら家に帰って本を読んだり、昆虫や鳥を観察したり、おもちゃもあまり買ってもらえなかったので、一人で粘土でヒーローや恐竜を作っては、勝手にストーリーを妄想をしながら遊んでいました。今、書きながらはじめて気づきましたが、私は小学校のとき、藤子不二雄先生が大好きで、ドラえもんの長編マンガをオリジナルで何百ページも描くほど、将来は漫画家になって本を出すのが夢でした。

もしかしたら、ある意味、本書で子どもの頃の夢が叶ってしまったのかもしれません。

ただ、当時学校でおとなしかった私にこの事実を教えてあげたら、とても驚くと思います。大人には意見を言えず、大勢の前で緊張して、クラスでも目立たない子どもだった私が、こうして漫画家の方と作品を世に出して、全国の講演会で何万人もの人に話していると知ったら、腰を抜かすかもしれません。

世界のリサーチでも、世の中で活躍する人たちは、意外にもそのほとんどが幼少期は目立たない人が多いことがわかっています。科学界では、よく「タンポポの花とランの花」と言われます。タンポポは手間をかけなくてもスクスク育っていきますが、ランは手間をかけなければ枯れてしまいます。しかし、ランはたくさんの労力をかけると、いつしかどこにもない美しい大輪の花を咲かせます。

小さい頃に手間のかかることはとても大変です。子育てに仕事もだとなおさらです。でも、二度と戻ってこないこのかけがえのない瞬間を大切に育ててあげると、子どもにも親にも一生ものの財産となって返ってくるかもしれません。

先ほどすごいタイミングでアベさんからメールが届きました。

長男の豆キチくんが、なんと！　第一志望の高校に受かったそうです。本当におめでとうございます。制作のときから、ずっと「努力をほめること」を意識してきたそうですが、受験当日まで心身ともによいコンディションでのぞむことができたそうです。お仕事をしながら、本書の内容を実践されてきたアベさんには、尊敬の念しかありません。


「大切なものは目に見えない」

有名な『星の王子さま』の言葉ですが、私が大好きな言葉のひとつです。

「思いやり」「心の成長」「体験」「人の痛みを知る」「創造性や好奇心」など、すべては目で見ることができません。

だからこそ、本書が、時代や世代を超えて多くの人の心の力になれることを願っています。

そして、またどこかでみなさまとお目にかかれることを心より楽しみにしながら、筆を置きたいと思います。

脳科学者　西剛志

参考文献リスト

プロローグ　お子さんの非認知能力、育ててますか？ 002

*1　内発的動機（意欲・やる気）は学習力、パフォーマンス、創造性、子どもの最適な発達、心の健康に関係している／Di Domenico SI, Ryan RM. The Emerging Neuroscience of Intrinsic Motivation: A New Frontier in Self-Determination Research. Front Hum Neurosci. 2017 Mar 24;11:145.

*2　セルフコンパッション（自己肯定感を含む要素）は学業への動機付けを高める／Neff, K. D., Hsieh, Y.-P., & Dejitterat, K. (2005). Self-compassion, Achievement Goals, and Coping with Academic Failure. Self and Identity, 4(3), 263–287.

*3　自己肯定感は先延ばしを遅らせる／Sirois, F. M. (2014). Procrastination and stress: Exploring the role of self-compassion. Self and Identity, 13(2), 128–145.

*4　自己肯定感は、不安や抑うつ、ストレスを軽減する（10～19歳）／Marsh IC, Chan SWY, MacBeth A. Self-compassion and Psychological Distress in Adolescents-a Meta-analysis. Mindfulness (N Y). 2018;9(4):1011-1027. doi: 10.1007/s12671-017-0850-7. Epub 2017 Nov 25.

*5　セルフコントロール力が高い子どもほど、将来の収入や社会的地位も高くなり、健康状態もよくなり、犯罪率も減る／Terrie E. Moffitt, et. al., "A gradient of childhood self-control predicts health, wealth, and public safety" PNAS, Vol.108 (7), p.2693-2698, 2011

*6　感情コントロール力がある園児は、数え方や読み書きが正確にできる／Graziano PA, Reavis RD, Keane SP, Calkins SD. The Role of Emotion Regulation and Children' s Early Academic Success. J Sch Psychol. 2007 Feb 1;45(1):3-19.

*7　セルフコントロール力がある小学生は算数の成績がよい／Hill, N. E., & Craft, S. A. (2003). Parent-school involvement and school performance: Mediated pathways among socioeconomically comparable African American and Euro-American families. Journal of Educational Psychology, 95(1), 74–83.

*8　感情調整ができる中学生は、算数と国語の成績がよい／Gumora, G., & Arsenio, W. F. (2002). Emotionality, emotion regulation, and school performance in middle school children. Journal of School Psychology, 40(5), 395–413.

*9　小学1年生のときにセルフコントロール力が高い子どもは、乳歯の虫歯の数が少ない／Matsuyama Y, Fujiwara T, Ochi M, Isumi A, Kato T. Self-control and dental caries among elementary school children in Japan. Community Dent Oral Epidemiol. 2018 Oct;46(5):465-471.

*10　創造性が高いとIQが低くても学業成績がよい／Getzels, J. W. & Jackson, P. J. (1962). Creativity and Intelligence: Explorations with Gifted Students. New York: John Wiley and Sons, Inc/ Palaniappan, A. K. (2007). Academic achievement of groups formed based on creativity and intelligence. In L. Taxen (Ed.), Proceedings of the 13th International Conference on Thinking, Vol. 1 (pp. 147-154), Linkoping: Sweden, Linkoping University Electronic Press.

*11　共感力が高まると子どもは自己肯定感が高まり、向社会行動が増え、攻撃性が少なくなる（3～4年生）／Norma, Deitch, Feshbach. (1984). Empathy, Empathy Training and the Regulation of Aggression in Elementary School Children. 192-208.

*12　共感力が高い医学生は、臨床実習における成績が高い（人の状態を読む仕事では成功しやすくなる）／Hojat M, Gonnella JS, Mangione S, Nasca TJ, Veloski JJ, Erdmann JB, Callahan CA, Magee M. Empathy in medical students as related to academic performance, clinical competence and gender. Med Educ. 2002 Jun;36(6):522-7.

*13　レジリエンスが高いと目標達成に向かって計画を立てて、人生の成功や幸せを手に入れやすい／Satici, S. A. (2016). Psychological vulnerability, resilience, and subjective well-being: The mediating role of hope. Personality and Individual Differences, 102, 68–73.

*14　レジリエンスが高い子どもは、就学前のうつや不安が起きにくい／Conway AM, McDonough SC. Emotional resilience in early childhood: developmental antecedents and relations to behavior problems. Ann N Y Acad Sci. 2006 Dec;1094:272-7

*15　レジリエンスの高さが、ストレスやバーンアウトを減少させる／Kawada T, Otsuka T. Relationship between job stress, occupational position and job satisfaction using a brief job stress questionnaire (BJSQ). Work. 2011;40(4):393-9.

*16　レジリエンスが高い子どもは、若いときに飲酒など法律違反をしない／Wong MM, Nigg JT, Zucker RA, Puttler LI, Fitzgerald HE, Jester JM, Glass JM, Adams K. Behavioral control and resiliency in the onset of alcohol and illicit drug use: a prospective study from preschool to adolescence. Child Dev. 2006 Jul-Aug;77(4):1016-33.

*17　レジリエンスが高いと、自殺率が減る／Liu DW, Fairweather-Schmidt AK, Roberts RM, Burns R, Anstey KJ. Does resilience predict suicidality? A lifespan analysis. Arch Suicide Res. 2014;18(4):453-64.

*18　非認知能力は大人になっても変化する（鍛えられる）／Stieger M, Flückiger C, Rüegger D, Kowatsch T, Roberts BW, Allemand M. Changing personality traits with the help of a digital personality change intervention. Proc Natl Acad Sci U S A. 2021 Feb 23;118(8):e2017548118

*19　タンポポの花とランの花／Dr Thomas Boyce, "The Orchid and the Dandelion" , Bluebird, 2020/1/23

習慣01　ほめ方の基本は「努力」をほめる！ 018

*1　親の85%が子どもの能力を褒めることは、自分は賢いと感じさせるのに必要であると信じていた／Mueller, C. M., & Dweck, C. S. (1996, April). Implicit theories of intel-ligence: Relation of parental beliefs to children's expectations. Poster　session presented at Head Start's Third National Research Conference, Washington, DC.

*2　スタンフォード大学のほめる実験（実験1：小学校5年生、10～12歳、128名、実験3小学校5年生／9～11歳の51名）／ Mueller, C. M., & Dweck, C. S. "Praise for Intelligence Can Undermine Children's Motivation and Performance" Journal of Personality and Social Psychology, Vol.75, p.33, 1998

*3　小学生（平均10.23歳）の120人の子どもの学校での成功を毎日ほめると、能力をほめたグループのみチャレンジを避けるようになる／Pomerantz, E. M., & Kempner, S. G. (2013). Mothers' daily person and process praise: Implications for children's theory of intelligence and motivation. Developmental Psychology, 49(11), 2040–2046

*4　頭のよさを褒められた5年生は、失敗したときに不適応な信念や行動の連鎖を示し、努力をほめられた子は失敗に適応しようとする／Mueller, C. M., & Dweck, C. S. "Praise for Intelligence Can Undermine Children's Motivation and Performance" Journal of Personality and Social Psychology, Vol.75, p.33, 199

参考文献

*5　ほめられると脳の線条体（報酬系）が活性化する／Izuma K, Saito DN, Sadato N. Processing of social and monetary rewards in the human striatum. Neuron. 2008 Apr 24;58(2):284-94.

*6　就学前の子どもに「あなたは絵がうまい」(good drawer) と伝えるより「絵が上手だったね」(good job drawing) と非一般化のほめ言葉を伝えると、子どもの自己評価が高くなり、タスクをやり続ける／Cimpian A, Arce HM, Markman EM, Dweck CS. Subtle linguistic cues affect children's motivation. Psychol Sci. 2007 Apr;18(4):314-6.

*7　5～6歳の子どもが挫折したときに、能力をほめるよりも努力をほめた後の方が、子どもは自己評価、感情、粘り強さへの無力感を示すことが少ない／Kamins, M. L., & Dweck, C. S. (1999). Person versus process praise and criticism: Implications for contingent self-worth and coping. Developmental Psychology, 35(3), 835–847

*8　1～3歳（生後14～38か月）の子どもの努力を褒めることは、7～8歳のやる気の発達を予測する／ Gunderson, E. A., Gripshover, S. J., Romero, C., Dweck, C. S., Goldin-Meadow, S., & Levine, S. C. (2013). Parent praise to 1- to 3-year-olds predicts children's motivational frame-works 5 years later. Child Development, 84, 1526–1541.

*9　幼児期（1～3歳）に努力をほめられた子どもは、2～3年生で知能は発達できるという考え方やチャレンジ精神が高く、4年生で優れた学業成績（数学と読解力）を予測した／Gunderson EA, et. al. Parent praise to toddlers predicts fourth grade academic achievement via children's incremental mindsets. Dev Psychol. 2018 Mar;54(3):397-409.

*10　幼稚園児は能力をほめられても、「努力をほめる」比率が高くなるとやる気が高まる／Zentall, S. R., & Morris, B. J. (2010). "Good job, you're so smart" : The effects of inconsistency of praise type on young children's motivation. Journal of Experimental Child Psychology, 107(2), 155–163.

*11 「悪い人は変わることができない」と信じている3～5歳の子どもは、対人関係の葛藤を前向きに解決する意欲が低くなる／Giles, J. W., & Heyman, G. D. (2003). Preschoolers' Beliefs About the Stability of Antisocial Behavior: Implications for Navigating Social Challenges. Social Development, 12(2), 182–197.

*12　新しいスキルを習得する乳幼児は、賞賛を制御的より支援的と認識する可能性／Corpus, J. H., & Good, K. A. (2021). The effects of praise on children's intrinsic motivation revisited. In Brummelman, E. (Ed.), Psychological Perspectives on Praise. Abington, UK: Routledge.

*13　13～15ヶ月未満の乳幼児はお手伝いを褒められたり励まされたりすると、2倍手伝うようになる／Dahl A, Satlof-Bedrick ES, Hammond SI, Drummond JK, Waugh WE, Brownell CA. Explicit scaffolding increases simple helping in younger infants. Dev Psychol. 2017 Mar;53(3):407-416.

*14　幼児の能力をほめることは、向社会的行動への内発的動機に悪影響を及ぼさない（3歳児96名のリサーチ）／Ulber J, Hamann K, Tomasello M. Extrinsic Rewards Diminish Costly Sharing in 3-Year-Olds. Child Dev. 2016 Jul;87(4):1192-203.

*15　努力と能力の区別かを明確できるのは平均9歳前後／Nicholls, J. G. (1978). The development of con- cepts of effort and ability, perception of aca- demicattainment,andtheunderstanding that difficult task require more ability. Child Development, 49, 800-814.

*16　就学後よりも就学前に母親のサポートを十分に受けた子どもは、記憶を司る海馬の発達スピードが2.06倍促進され、思春期初期の感情コントロール力が高くなる／ Joan L. Lubby et. al., "Preschool is a sensitive period for the influence of maternal support on the trajectory of hippocampal development" Proc. Natl. Acad. Sci. USA., Vol.113(20), p.5742–5747, 2016

*17　4～5歳児は、11～12歳の子どもと比べると、ほめられる内容よりも、ほめられた回数が多いほど、自分の能力が評価されていると実感できる傾向／Baker, G.P. & Graham, S., "Developmental study of praise and blame as attributional cues" Journal of Educational Psycology, Vol.79, p.62-66

*18　ハンフレイズ効果（Humphrey's law）／Colman AM A dictionary of psychology Oxford university press, 2009

*19　ほめ言葉に繰り返しさらされると、ほめられることに「耐性」ができ、それに続く「離脱」、さらなる賞賛への「渇望」を含む心理的依存が起きる／Baumeister, R. F., & Vohs, K. D. (2001). Narcissism as addiction to esteem. Psychological Inquiry, 12(4), 206–210

*20　思春期の性格形成が変動する時期の子どもは、努力をほめても逆効果になることがある／Amemiya, J., & Wang, M. – T. (2018). Why effort praise can backfire in adolescence. Child Development Perspectives, 12(3), 199–203.

*21　幼児期（4～5歳）から児童期（11～12歳）にかけて、簡単な課題で成功をほめられると、その人の能力を低く評価する／Barker, G. P., & Graham, S. (1987). Developmental study of praise and blame as attributional cues. Journal of Educational Psychology, 79(1), 62–66

*22 「信じられないほど」うまくやったと過度に褒められると、将来も信じられないほどうまくやれると期待されていると思われて、将来も高い基準を満たし続ける必要性を感じる／Henderlong, J., & Lepper, M. R. (2002). The effects of praise on children's intrinsic motivation: A review and synthesis. Psychological Bulletin, 128(5), 774–795／McKay, M., & Fanning, P. (2000). Self-esteem: A proven program of cognitive techniques for assessing, improving, and maintaining your self-esteem (3rd ed.). Oakland, CA: New Harbinger / Kanouse, D. E., Gumpert, P., & Canavan-Gumpert, D. (1981).The semantics of praise. In J. H. Harvey, W. Ickes, & R. F.Kidd (Eds.), New directions in attribution research (Vol. 3,pp. 97–115). Hillsdale, NJ: Erlbaum.／Ryan, R. M. (1982). Control and information in the intraper-sonal sphere: An extension of cognitive evaluation theory.Journal of Personality and Social Psychology, 43, 450–461

*23　努力をほめると、子どもは学習成果を努力という内的かつ制御可能な要因に帰属させるため、失敗の状況を改善でき、学習成果を制御できるメッセージを伝えられる（努力の帰属メカニズム）／Weiner, B. (1985). An attributional theory of achievement motivation and emotion. Psychological Review, 92(4), 548–573／Shui-fong Lam, Pui-shan Yim, Yee-lam Ng, "Is effort praise motivational? The role of beliefs in the effort–ability relationship", Contemporary Educational Psychology, Vol.33(4), 2008, p.694-710

*24　能力をほめること（「とても賢いね!」など）は、能力は固定されていて変えられないものだと子どもに教えることと同じ／Gunderson, E. A., et. al. (2013). Parent praise to 1- to 3-year-olds predicts children's motivational frame-works 5 years later. Child Development, 84, 1526–1541/

*25 人の属性に関する暗黙知の個人差は、就学前の年齢で現れはじめる／Kinlaw, C. R., & Kurtz-Costes, B. (2007). Children's theories of intelligence: Beliefs, goals, and motivation in the elementary years. Journal of General Psychology, 134(3), 295–311／Smiley, P. A., & Dweck, C. S. (1994). Individual differences in achievement goals among young children. Child Development, 65(6), 1723–1743.

*26　中学生や大学生に知能は柔軟であると教えると、学業成績が向上する／Aronson, J., Fried, C. B., & Good, C. (2002). Reducing the effects of stereotype threat on African American college students by shaping theories of intelligence. Journal of Experimental Social Psychology, 38(2), 113–125／Blackwell LS, Trzesniewski KH, Dweck CS. Implicit theories of intelligence predict achievement across an adolescent transition: a longitudinal study and an intervention. Child Dev. 2007 Jan-Feb;78(1):246-63)

*27 中学生の女子に「能力は伸びる」ことを教えると数学の成績が伸びる（低所得者やマイノリティの人は読解力が上がる）／Good, C., Aronson, J., & Inzlicht, M. (2003). Improving adolescents' standardized test performance: An intervention to reduce the effects of stereotype threat. Journal of Applied Developmental Psychology, 24(6), 645–662.

*28 努力すると能力が伸びると信じている中学生には努力をほめることは効果的だった／Lam, S.-f., Yim, P.-s., & Ng, Y.-l. (2008). Is effort praise motivational? The role of beliefs in the effort-ability relationship. Contemporary Educational Psychology, 33(4), 694–710.

*29 季節外れで無神経なほめ言葉は、非難と同じくらい心を凍らせる可能性がある／Praise out of season, or tactlessly bestowed, can freeze the heart as much as blame.-Pearl S. Buck, 1967

*30 学習活動への意欲や努力する姿勢、忍耐のレベル（行動エンゲージメント）が高い3～5年生の子どもは、教師からのサポートを受けやすい（先生の存在が、子どもの1年間のやる気を予測する）／Skinner, E. A., & Belmont, M. J. (1993). Motivation in the classroom: Reciprocal effects of teacher behavior and student engagement across the school year. Journal of Educational Psychology, 85(4), 571–581.

*31 学習活動への興味や楽しさのレベル（感情エンゲージメント）が高い子どもは、自己肯定感も高い／Danneel, S., et. al. (2019). Emotional acceptance and rejection. Merrill-Palmer Quarterly, 65(2), 158–182

習慣02 「おしい !!」は魔法のほめ言葉 032

*1 小学校1年生から4年生にかけて、学業などの自己能力評価が低下しやすい／Eccles J, et. al. Age and gender differences in children's self- and task perceptions during elementary school. Child Dev. 1993 Jun;64(3):830-47.

*2 誇張されたほめ言葉は自尊心が高い子どもには効果があるが、自尊心が低い子どもに高い基準を与えることで挑戦意欲が減る／Brummelman, Eddie et al. ""That's Not Just Beautiful—That's Incredibly Beautiful!"." Psychological Science 25 (2014): 728 - 735.

*3 自信が低い人は、ほめられてもポジティブに受け取ることができず、ほめる効果が下がる／Collins, N.L., & Frrney, B.C., "Working model of attachment shape perceptions of social support: Evidence from experimental and observantional studies" Journal of Personality and Social Psychology, Vol.87, p.363-383／青木直子 "小学校の1年生のほめられることによる感情反応　—教師と一対一の場合とクラスメイトがいる場合の比較—", 発達心理学研究、Vol.20(2), p.155-164, 2009

*4 サードパーソン効果（ウィンザー効果）／Davison, W. (1983). "The third-person effect in communication". Public Opinion Quarterly. 47 (1): 1–15./ Moser K, Paul KI, Soucek R, Eskofier A, Galais N. The first-person effect. A reconsideration of two meta-analyses. PLoS One. 2024 Dec 11;19(12):e0311155.

*5 24人の4歳児にA:「上手に描けたね」と伝えたときとB:「今回は上手に描けたね」と伝えたときでは、失敗したときにAのほうが無力感が強くなる／Cimpian, A., Arce, H.-M. C., Markman, E. M., & Dweck, C. S. (2007). Subtle linguistic cues affect children's motivation. Psychological Science, 18(4), 314–316

*6 「数学は得意ですね」よりも「数学はよくできましたね」のような非一般化のほめ方のほうが、期待が少なく子どもへのプレッシャーが少なくなり、粘り強さを促す／Henderlong J, Lepper MR. The effects of praise on children's intrinsic motivation: a review and synthesis. Psychol Bull. 2002 Sep;128(5):774-95.

*7 選択を自ら行なった（自律性）と感じることは、内発的動機の促進と維持に重要（自己決定理論）／Ryan, R. M., & Deci, E. L. (2000). Self-determination theory and the facilitation of intrinsic motivation, social development, and well-being. American Psychologist, 55(1), 68–78

*8 感情的な自律性を支援するほめ方（例：「わあ、そのプロジェクトを本当に楽しんだようですね!」）は、学業の楽しさ、関わり、パフォーマンスを高める／Reeve, J., & Jang, H. (2006). What teachers say and do to support students' autonomy during a learning activity. Journal of Educational Psychology, 98(1), 209–218)。

*9 平均年齢15.59歳の学生に対して自律性を支援するほめ方は、運動の粘り強さと幸福度の両方を高める／Mouratidis A, Lens W, Vansteenkiste M. How you provide corrective feedback makes a difference: the motivating role of communicating in an autonomy-supporting way. J Sport Exerc Psychol. 2010 Oct;32(5):619-37

*10 熟練したスキル（努力がいらないスキル／例：計算が速い、笑顔が素敵など）をほめると、男子大学生は自意識が出てしまい逆にパフォーマンスが下がる／Baumeister, R. F., Hutton, D. G., & Cairns, K. J. (1990). Negative effects of praise on skilled performance. Basic and Applied Social Psychology, 11(2), 131–148.

*11 比較してほめる（例：「他の子よりうまくできたね！」）と、習得への賞賛（例：「コツをつかんだね！」）に比べて、失敗したときの内発的動機を低下させる（女の子は成功しても内発的動機が下がる）／Corpus, J. H., et. al. (2006). The effects of social-comparison versus mastery praise on children's intrinsic motivation. Motivation and Emotion, 30(4), 335–345.

*12 小学生（9～10歳）への制御的なほめ方（例：「それを続ければ、数学のスーパースターになれます!」）は、ストレスを感じさせ学習が妨げられる／Hargreaves, E. (2013). Inquiring into children's experiences of teacher feedback: reconceptualising Assessment for Learning. Oxford Review of Education, 39(2), 229–246

*13 人に対する賞賛（例：「とても頭がいいね」）を多く聞いた子どもは、自分の成果の源は固定された特性にあると信じるようになる可能性// Zentall, S.R. & Morris, B.J. (2010) Good job, you're so smart" : The effects of inconsistency of praise type on young children' s motivation. J. Exp. Child Pcychology, 107(2), 155-163

習慣03 報酬はいつもサプライズで！ 042

*1 ソーマキューブの実験／Deci EL. "Effects of externally mediated rewards on intrinsic motivation", J. Pers. Soc. Psychol., Vol.18, p.105–115, 1971

*2 アンダーマイニング効果／Murayama, K., et.al, "Neural basis of the undermining effect of monetary reward on intrinsic motivation" Proc. Natl. Acad. Sci. USA., Vol.107(49), p.20911-6, 2010

*3 ご褒美は安心感、計画を立ててやり通す力、目標を設定し確実に行動する力、法令遵守の4つの能力を全て下げる／西村和雄、八木匠、『褒め方、叱り方が子どもの将来に与える影響－日本における実証研究』RIETI Discussion Paper Series 22-J-037

*4 成果ではなく努力に対して報酬を与えるとやる気が高まる／Roland, G. Fryer, Jr., "Financial Incentives and Student Achievement: Evidence from Randomized Trials" The Quarterly Journal of Economics, Vol.126(4), p. 1755–1798, 2011

*5　物よりも体験にお金をかけるほうが幸福度が高まる／Caprariello, P. A., & Reis, H. T. (2013). To Do, to Have, or to Share? Valuing Experiences Over Material Possessions Depends on the Involvement of Others. Journal of Personality and Social Psychology, 104(2), 199-215／Van Boven, L., & Gilovich, T. (2003). To do or to have? That is the question. Journal of Personality and Social Psychology, 85(6), 1193-1202

*6　旅行に行ったり、旅行の計画を立てると幸福度が高まる／Nawijn J, Marchand MA, Veenhoven R, Vingerhoets AJ. Vacationers Happier, but Most not Happier After a Holiday. Appl Res Qual Life. 2010 Mar;5(1):35-47.

*7 体験投資は人間関係を改善させて主観的幸福度を高める／Howell, R. T., & Hill, G. (2009). The mediators of experiential purchases: Determining the impact of psychological needs satisfaction and social comparison. The Journal of Positive Psychology, 4(6), 511–522／Yamaguchi, M., et. al. (2016). Experiential purchases and prosocial spending promote happiness by enhancing social relationships. Journal of Positive Psychology, 11(5), 480-488／Rosenbaum, M. S. (2008). Return on Community for Consumers and Service Establishments. Journal of Service Research, 11(2), 179-196

*8　サプライズでご褒美をあげるとやる気は失われない／Lepper, M.R. et. al. “Undermining children's intrinsic interest with extrinsic reward: A test of the "overjustification" hypothesis”, Journal of Personality and Social Psychology, 1973, Vol.28(1), p.129–137

習慣04　話を聴くときはオウム返しで！ 054

*1　リフレクティブリスニング／ Braillon A, Taiebi F. Practicing "Reflective listening" is a mandatory prerequisite for empathy. Patient Educ Couns. 2020 Sep;103（9）:1866-1867.

*2　自分のことを話すと脳の報酬系が活性化／ Tamir D.I., & Mitchell J.P. “Disclosing information about the self is intrinsically rewarding”, Proc. Natl. Acad. Sci. USA, 2012, Vol.109（21）, p.8038-43

*3　大小問わず成功体験を一緒に喜ぶと、パートナーとの幸福度や関係性の持続度が増加／ Gable, S. L., Gonzaga, G. C., & Strachman, A. (2006). Will you be there for me when things go right? Supportive responses to positive event disclosures. Journal of Personality and Social Psychology, 91(5), 904–917.

*4　ネガティビティバイアス／P. Rozin & E.B. Royzman, “Negativity bias, negativity dominance, and contagion”, Personality and Social Psychology Review, 2001, Vol.5, p.296-320

*5　12～18歳の子どもより8～11歳の子どものほうがネガティビティバイアスが強い／Hogendoorn SM, Wolters LH, Vervoort L, Prins PJ, Boer F, Kooij E, de Haan E. Measuring Negative and Positive Thoughts in Children: An Adaptation of the Children's Automatic Thoughts Scale (CATS). Cognit Ther Res. 2010 Oct;34(5):467-478.

*6　両親のコミュニケーションが子どもの非認知能力に影響する／Raver, C.C., et. al., ” Poverty, household chaos, and interparental aggression predict children's ability to recognize and modulate negative emotions” Development and Psychopathology, Vol.27(3), p.695-708, 2015/ Baker, A.J.L., “Adult children of parental alienation syndrome”, W.W.Newton & Company.

*7　両親や家族と近くにいることで不安感がなくなる社会的緩衝作用（Social buffering）／Hofer, M.A. & Shair, H. (1978)Ultrasonic vocalization during social interaction and isolation in 2-weeek-old rats. Dev Psychobiol, 11, 495-504/Bryan Jones, R. & Merry, B.J. (1988) Individual or paired exposure of domestic chicks to an open field: Some behavioural and adrenocortical consequences. Behav Processes, 16, 75-86/Hennessy, M.B., Zate, R. & Maken, D.S. (2008) Social buffering of the cortisol response of adult female guinea pigs. Physiol Behav, 93, 883-888/Lyons, D.M., Price, E.O. & Moberg, G.P. (1993)Social grouping tendencies and separation-induced distress in juvenile sheep and goats. Dev Psychobiol, 26, 251-259./Kanitz, E., et. al. (2014) Social support attenuates the adverse consequences of social deprivation stress in domestic piglets. Horm Behav, 65, 203-210/ Winslow, J.T., et. al. (2003) Rearing effects on cerebrospinal fluid oxytocin concentration and social buffering in rhesus monkeys. Neuropsychopharmacology, 28, 910-918.

*8　子どもの気持ちを理解する親もとで育った子は理解しない親に比べて、機嫌がよく、自分をコントロールでき、攻撃的行動が少なく、社会的孤立や抑うつも少ない／Feshbach, N. D. (1987). Parental empathy and child adjustment/maladjustment. In N. Eisenberg & J. Strayer (Eds.), Empathy and its development (pp. 271–291). Cambridge University Press.

*9　挫折を話し合う際に、40%の母親が子どもの感情をほとんど認めず無視している／Peterson ER, et. al. How mothers talk to their children about failure, mistakes and setbacks is related to their children's fear of failure. Br J Educ Psychol. 2024 May 1.

習慣05　1日の成功日記をつけてみよう！ 066

*1　偽りの記憶（偽記憶）はあらゆる年齢層でつくられる／Wang J, Otgaar H, Howe ML, Dong Q, Zhou C.Self-Enhanced False Memory Across the Life Span. J Gerontol B Psychol Sci Soc Sci. 2022 Sep1;77（9）:1645-1653.

*2　自分がどのような人間なのかというセルフイメージは、過去の出来事の記憶でできている／西剛志著「おとなしい人の完全成功マニュアル～内向型の強みを活かして人生を切り拓く方法」ダイヤモンド社、2024年

*3　親は幼児期から子どもと過去について話し、さまざまなトピックを頻繁に（毎日何十回も）話す／Harris, M. A., et. al. (2017). Parental co-construction of 5-to 13-year-olds' global self-esteem through reminiscing about past events. Child Development, 88(6), 1810–1822.)

*4　過去の経験に関する話し合いは、子どもの将来の意思決定、問題解決、学習の方向付けやガイドだけでなく、子どもが感情や行動の調整を支える／Goodvin, R., & Rolfson, J. (2014). Mothers' attributions in reminiscing conversations about children's successes and failures: Connections with children's self-evaluations. Merrill-Palmer Quarterly (1982-), 59(2), 24–52／Goodvin, R., & Romdall, L. (2013). Associations of mother-child reminiscing about negative past events, coping, and self-concept in early childhood: Reminiscing, coping, and self-concept in early childhood. Infant and Child Development, 22(4), 383–400／Hernandez, E., et. al. (2018). Patterns of parental emotion-related discourse and links with children's problem behaviors: A person-centered approach. Developmental Psychology, 54(11), 2077–2089

*5　過去の経験に関する話し合いは、発達中の自己意識を形成する／Fivush, R. (2007). Maternal reminiscing style and children's developing understanding of self and emotion. Clinical Social Work Journal, 35(1), 37–46

*6　自信がある人ほどマイナスな出来事が起きたときに、過去の自分のプラスの記憶を思い出そうとする傾向／Smith, S.M., & Petty, R.E. “Personality mod- erators of mood congruency effects on cognition: The role of self-esteem and negative mood regulation” Journal of

Personality and Social Psychology, Vol.68, p.1092-110, 1995
*7 学生に1ヶ月毎日ポジティブ感情を書き出してもらったグループは1ヶ月後のレジリエンス（逆境からの回復力）と人生の満足度が増加／Cohn, M. A., Fredrickson, B. L., Brown, S. L., Mikels, J. A., & Conway, A. M. (2009). Happiness unpacked: Positive emotions increase life satisfaction by building resilience. Emotion, 9(3), 361–368.
*8 高い幸福度は創造性を300％高める／Lyubomirsky S. et. al., "The benefits of frequent positive affect: does happiness lead to success?" Psychol. Bull., 2005, Vol.131(6), p.803-55

習慣06 驚くべき写真の魔法を使おう！ 076

*1 日本人は西洋人と比べてマイナスに考えやすい／Chang, EC. Et. al., "Cultural variations in optimistic and pessimistic bias: Do Easterners really expect the worst and Westerners really expect the best when predicting future life events?" Journal of Personality and Social Psychology, 2001, Vol.81（3）, p.476
*2 マイナスに考える悲観主義バイアスは女性に多い傾向 ／Mansour, S.B. et. al. "Is There a "Pessimistic" Bias in Individual Beliefs? Evidence from a Simple Survey", Theor. Decis., 2006, Vol. 61, p.345-362
*3 幼児健忘／ Galton, F. "Psychometric experiments", Brain, 1879, Vol.2（2）,p149-162/ Jansari, A. & Parkin, AJ. "Things that go bump in your life: Explaining the reminiscence bump in autobiographical memory", Psychology and Aging, 1996, Vol.11, p.85-91. / Janssen, SMJ. et. al. "The reminiscence bump in autobiographical memory: Effects of age, gender, education, and culture", Memory, 2005, Vol.13（6）, p.658-668
*4 日々の出来事を思い出せる子どもほど、メンタルが強くなり、問題解決能力に優れている子が多い／Sue Shellenbarger, "The Power of the Earliest Memories" The Wall Street Journal, April 7, 2014／Zaman, W. & Fivush, R. (2011). Intergenerational narratives and adolescents' emotional well-being, Journal of Adolescence, 21, 703-716.
*5 首尾一貫した過去の自伝的記憶は幸福度と関連する／Waters TE, Fivush R. Relations Between Narrative Coherence, Identity, and Psychological Well-Being in Emerging Adulthood. J Pers. 2015 Aug;83(4):441-51
*6 写真を見て主観的な変化を感じられなくても、脳は反応している／Kühn, S., et. al. Brain functional connectivity differs when viewing pictures from natural and built environments using fMRI resting state analysis.Sci Rep 11, 4110 (2021)
*7 写真を見るだけで視覚野の灰白質が増える（発達する）／Månsson KNT, et. al. Viewing Pictures Triggers Rapid Morphological Enlargement in the Human Visual Cortex. Cereb Cortex. 2020 Mar 14;30（3）:851-857
*8 記憶に残すには0.3秒、0.4秒見ることが望ましい／Potter MC, et. al. Recognition memory for briefly presented pictures: the time course of rapid forgetting. J Exp Psychol Hum Percept Perform. 2002 Oct;28（5）:1163-75

習慣07 「命令」はやめて「質問」に！ 088

*1 命令されると逆のことをやりたくなる心理的リアクタンス／Brehm, J.W. "A theory of psychological reactance", 1966, Oxford, England: Academic Press./ Rosenberg, BD. & Siegel JT. "A 50-year review of psychological reactance theory: Do not read this article", Motivation Science, 2018, Vol.4, p.281-300
*2 自分で選択できるとき幸福度が高まる／西村和雄，八木匡，「幸福感と自己決定――日本における実証研究／ RIETI- 独立行政法人経済産業研究所」2018
*3 複数のものから選択するとドーパミンが出る／ Yun M. et. al. "Signal dynamics of midbrain dopamine neurons during economic decision-making in monkeys" Sci. Adv., 2020, Vol.6（27）, eaba4962
*4 問いかけを含む対話は脳の左半球だけではなく右半球も活性化させる／Ben Alderson- Day, et. al., "The brain's conversation with itself: neural substrates of dialogic inner speech", Social Cognitive and Affective Neuroscience, 2016, Vol.11(1), p.110–120
*5 「6ヵ月以内に新車を買う予定はあるか？」と聞くと、聞かれていないグループに比べて35％も新車の購入率が高まる／Vicki G. Morwitz, et. al., "Does Measuring Intent Change Behavior?" Journal of Consumer Research, Vol. 20(1), 1993, p.46–61
*6 スーパーマンのまねをするように言われた未就学の子どもは、そうでない子に比べて、満足遅延課題の成績が向上（イメージは行動を促進する）／Karniol R, et. al. Why superman can wait: cognitive self-transformation in the delay of gratification paradigm. J Clin Child Adolesc Psychol. 2011;40(2):307-17.
*7 イメージが行動につながる／ Roth M, et al.: Possible involvement of primary motor cortex in mentally simulated movement: A functional magnetic resonance imaging study. Neuroreport, 1996, 7: 1280-1284/ Decety J, Perani D, Jeannerod M, et al.: Mapping motor representations with positron emission tomography. Nature, 1994, 371: 600-602

習慣08 許可を取る質問でやる気を引き出そう！ 098

*1 気持ちに寄り添うと、心拍数が安定して気持ちが高まる／Kirschner H. et. al. "Soothing Your Heart and Feeling Connected: A New Experimental Paradigm to Study the Benefits of Self-Compassion" Clin. Psychol. Sci. 2019, Vol.7(3), p.545-565
*2 ネガティブな気持ちを受け入れると、自信ややる気が高まり、行動も変わる／Ford BQ. et. al. "The psychological health benefits of accepting negative emotions and thoughts: Laboratory, diary, and longitudinal evidence", J. Pers. Soc. Psychol. 2018, Vol.115(6), p.1075-1092
*3 コントロールできる状況は楽観主義を高める／G. Menon, et. al. "Biases in social comparisons: Optimism or pessimism?", Organizational Behavior and Human Decision Processes, 2009, Vol.108, p.39-52
*4 コントロールできると思うだけでも楽観的な考え方になれる／ A. Bracha & D.J. Brown, "Affective decision making: A theory of optimism bias", Games and Economic Behavior, 2012, Vol.75, p.67- 80
*5 答えたことをやろうとするコミットメント効果／Martin SJ, Bassi S, Dunbar-Rees R. Commitments, norms and custard creams - a social influence approach to reducing did not attends (DNAs). J R Soc Med. 2012 Mar;105(3):101-4
*6 理由を伝えると受け入れやすくなる自動性バイアス／ Langer,E. J. et. al., "The mindlessness of ostensibly thoughtful action: The role of "placebic" information in interpersonal interaction. Citation", Journal of Personality and Social Psychology, 1978, Vol.36（6）, p.635-642
*7 比較させるコントラスト効果／ Ehrenstein, W. H., & Hamada, J. "Structural factors of size contrast in the Ebbinghaus illusion"

Japan. Psychol. Res., 1995, Vol.37（3）,p.158–169
*8 選択できる環境をつくることがモチベーションを上げる／ Murayama, K., et. al. (2016), ""Your Choice" Motivates You in the Brain: The Emergence of Autonomy Neuroscience", Recent Developments in Neuroscience Research on Human Motivation (Advances in Motivation and Achievement, Vol. 19), Emerald Group Publishing Limited, pp. 95-125.
*9 もっとも価値の高いものを選ぶとき眼窩前頭皮質が活性化／Setogawa, T., Mizuhiki, T., Matsumoto, N. et al. Neurons in the monkey orbitofrontal cortex mediate reward value computation and decision-making. Commun Biol 2, 126 (2019)
*10 「あなたは他人に協力的ですか？」と聞くと、アンケートに協力的な行動を取る人が約2.7倍になった／Bolkan, S., & Andersen, P. A. "Image induction and social influence: Explication and initial tests", Basic and Applied Social Psychology, 2009, Vol.31(4), p.317–324

習慣09 「人の痛み」を理解する！ 110

*1 失敗したときなどに感じる痛みは、知識の保持、より深い理解、問題解決能力、セルフコントロール力などのレジリエンスを促進する／Mera, Y., Rodríguez, G., & Marin-Garcia, E. (2022). Unraveling the benefits of experiencing errors during learning: Definition, modulating factors, and explanatory theories. Psychonomic Bulletin & Review, 29(3), 753–765／Metcalfe, J. (2017). Learning from errors. Annual Review of Psychology, 68, 465–489／Wong, S. S. H., & Lim, S. W. H. (2019). Prevention–permission–promotion: A review of approaches to errors in learning. Educational Psychologist, 54(1), 1–19／ Zhang, Q., & Fiorella, L. (2023). An integrated model of learning from errors. Educational Psychologist, 58(1), 18–34.
*2 悪いことをしたときは、悪いことをされて相手がどう感じるか痛みを感じさせた子どものほうが共感力が高まる／Krevans, J., & Gibbs, J. C. (1996). Parents' use of inductive discipline: Relations to children's empathy and prosocial behavior. Child Development, 67(6), 3263–3277.
*3 共感力が高まると子どもは、肯定的な自己概念を持つようになり、向社会行動が増え、攻撃性が少なくなる（3～4年生、98名）／ Norma, Deitch, Feshbach. (1984). Empathy, Empathy Training and the Regulation of Aggression in Elementary School Children. 192-208.
*4 小学校1年生のときに共感力が低いと、小学6年生のときの幸福度が低かった／藤原武雄「子育てのエビデンス」大修館書店 p.158
*5 穏やかに注意すると、感情的に伝えるよりも約2.9倍言うことを聞くようになる／Freedman, J. L. (1965). "Long-term behavioral effects of cognitive dissonance" Journal of Experimental Social Psychology, Vol.1(2), p.145-155
*6 自己中心バイアスは子どもで高い傾向／ Riva F, Triscoli C, Lamm C, Carnaghi A, Silani G. Emotional Egocentricity Bias Across the Life-Span. Front Aging Neurosci. 2016 Apr 26;8:74
*7 痛みを受けた人の写真を見せて共感性を刺激すると、思いやりが高まる（利他的な動機が高まる）／Gluth S, Fontanesi L. NEUROSCIENCE. Wiring the altruistic brain. Science. 2016 Mar 4; 351(6277):1028-9.

習慣10 「待つこと」の大切さを学ぼう！ 120

*1 子どもとの接触が多いほど、子どもの体の免疫と代謝に関する遺伝子が強くなる／Moore S.R. et. al., "Epigenetic correlates of neonatal contact in humans." Dev. Psychopathol. 2017 29(5) p.1517-1538
*2 幼いときに毛繕いをされて接触が多かった子どもマウスは、ストレス反応に重要な遺伝子に変化（メチル化）が起きて一生ストレス反応をうまく抑えられる／Zhang T.Y. and Meaney M.J. "Epigenetics and the environmental regulation of the genome and its function." Annu. Rev. Psychol. 2010;61, p.439-66 / Cameron N.M., et. al., " The programming of individual differences in defensive responses and reproductive strategies in the rat through variations in maternal care." Neurosci Biobehav Rev. 2005,29(4-5),p.843-65
*3 1週間に1時間わざと親から引き離した子ザルは、ストレスな出来事が起きたとしても甘やかされた子ザルよりもストレスにうまく対処できる（前頭前野の機能まで高まる）／Suomi S.J. "Risk, resilience, and gene x environment interactions in rhesus monkeys." Annu. N.Y.Acad. Sci., 2006 Dec;1094:p.52-62.
*4 親から15分だけ引き離されたマウスは、全く引き離されていない子どもに比べてストレスに強くなり、引き離す時間が長すぎると子どもは不安を感じやすく、ストレスに対処しにくくなる／Zhang TY, Meaney MJ. Epigenetics and the environmental regulation of the genome and its function. Annu Rev Psychol. 2010;61:439-66
*5 心理的免疫（心的外傷後成長）／Jayawickreme E, et. al. opportunities, and recommendations. J Pers. 2021 Feb;89 (1):145-165

習慣11 自分の子育てタイプを知ろう！ 130

*1 心理学者ダイアナ・バウムリンド博士が分類した3つの子育てスタイル（民主型、厳格型、迎合型）／Baumrind, D., "Child care practices antecedeng three patterns of preschool behaveor" Genetic Psychology Monographs, Vol.75(1), p.43-88, 1967／Baumrind, D., "Authoritarian vs. authoritative parental control" Adolescence, Vol.3, p.255-272, 1968
*2 スタンフォード大学の研究で報告された放任型／Maccoby,E.E. & Martin, J.A., "Socialization in the context of the family: Parent-child interaction" In P. Museen(Ed.) Handbook of Child Psychology, Vol.4, New York: Wiley, 1983
*3 子育てスタイルによって年収や性格が変わる／西村和雄、八木匡、「子育てのあり方と倫理観、幸福感、所得形成 ―日本における実証研究―」独立法人経済産業研究所『RIETI Discussion Paper Series 16-J-048』, 2016

習慣12 ヒマな時間で創造性を育てよう！ 142

*1 デフォルトモードネットワーク／Raichle ME. "The brain's default mode network" Annu. Rev. Neurosci. 2015, Vol.38, p.433-47
*2 セントラルエグゼクティブネットワーク／Sherman LE, Rudie JD, Pfeifer JH, Masten CL, McNealy K, Dapretto M. Development of the default mode and central executive networks across early adolescence: a longitudinal study. Dev Cogn Neurosci. 2014 Oct;10:148-59
*3 1990年代よりも2000年代のほうが、知能よりも非認知能力を必要とする仕事が増えている／David J. Deming, The Growing Importance of Social Skills in the Labor Market, The Quarterly Journal of Economics, Volume 132, Issue 4, November 2017, Pages 1593–1640
*4 作業と関係ないことをすると、創造性が高まる／Dijksterhuis, A. & Meurs,T., "Where Creativity Resides The Generative Power of Unconscious Thought", Consciousness and Cognition, 2006, Vol.15, p.135-146
*5 過度な緊張は新しいアイディアや解決策が生まれるのを45%も減少させる／Amabile, Teresa, "Does high stress trigger creativity at

work?", Marketplace, May 3, 2012/ https://www.marketplace.org/2012/05/03/does-high-stress-trigger-creativity-work/
*6　スマホを机の上に置いたりカバンの中に入れておくと学習効率が下がるが、隣の部屋に置くと学習力に影響はない／Adrian F. Ward, et. al The Mere Presence of One's Own Smartphone Reduces Available Cognitive Capacity," Journal of the Association for Consumer Research 2, no. 2 (April 2017): 140-154.
*7　ツァイガルニク効果／ Zeigarnik,Bluma, "Das Behalten erledigter und unerledigter Handlungen" Psychologische Forschung（in German）, 1938, Vol.9, p.1–85
*8　緑を見るだけで、子どもの創造性が伸びる／ A.F.Taylor, et. al., "Growing Up in the Inner City: Green Spaces as Places to Grow" Environmental and Behavior, Vol.30, p.3-27, 1998
*9　携帯やスマートフォンなどの電子機器を離れて、3日間緑のある自然の中で過ごすと、創造性が50%アップ（この効果は18才から60才までの参加者全員に得られた）／Ruth Ann Atchley, David L. Strayer, Paul Atchley, "Creativity in the Wild: Improving Creative Reasoning through Immersion in Natural Settings" PLoS One, Vol.7(12), e51474, 2012
*10　遊び方を何も教えないまま遊ばせたグループと、複数の遊び方を教えたグループでは、後者のほうが新しい遊びをする数が増える／Elizabeth M. Goetz & Donald M. Baer, " Social control of form diversity and the emergence of new forms in children's blockbuilding" J. Appl. Behav. Anal., Vol. 6(2), p.209–217, 1973
*11　マインドワンダリングは計画や創造性, 問題解決を促すメリットがある／Mooneyham BW, Schooler JW. The costs and benefits of mind-wandering: a review. Can J Exp Psychol. 2013 Mar;67(1):11-18／Yamaoka, A., & Yukawa, S. (2019).Does mind wandering during the thought incubation period improve creativity and worsen mood? Psychological Reports, 123, 1785-1800.

習慣13　しっかり睡眠で心と頭を育てよう！ 152

*1　世界17カ国中、もっとも子どもの睡眠時間が長かったのはニュージーランド、イギリス、オーストラリア（13時間以上）で、ワースト3は日本とインドと韓国／Jodi, A. Mindell, et. al., "Cross-cultural differences in infant and toddler sleep" Sleep Medicine, Vol.11(3), p.274-280, 2010
*2　「子ども睡眠健診」プロジェクト／https://www.riken.jp/pr/news/2024/20240318_1/index.html
*3　睡眠を8時間とったほうが難問を3倍も解ける／Wagner U., at.al., "Sleep inspires insight" Nature, Vol.427 (6972), p.352-5, 2004
*4　学研小学生白書web版「小学生の日常生活・学習に関する調査」2023年10月調査／https://www.gakken.jp/kyouikusouken/whitepaper/202310/index.html／同調査の就寝時刻：https://www.gakken.jp/kyouikusouken/whitepaper/202310/chapter4/02.html
*5　午後10時までの就寝は子どものセルフコントロール力を高める／藤原武雄「子育てのエビデンス」大修館書店 p.130
*6　米国の高校生120人の研究では、成績がよくない学生（C-F評価）は、成績優秀者（A-B評価）と比べて睡眠時間が平均して約25分ほど短い傾向（成績がよい子は、睡眠時間が約7時間半と比較的長く、ベッドに入る時間も22時半とやや早めに就寝する習慣）／Walfson A.R. & Carskadon M.A., "Sleep schedules and daytime functioning in adolescents" Child Dev., Vol.69(4), p.875-87, 1998
*7　睡眠時間が短い高校生は、成績が悪い子が多い／Cari Gillen－O'Neel, et. al., "To Study or to Sleep? The Academic Costs of Extra Studying at the Expense of Sleep" Child Dev., Vol.84(1), p.133-42, 2013
*8　睡眠時間が短い子どもほど、脳の中で記憶を司る『海馬』が小さくなる（5～18歳の子ども290人が対象）／Y.Taki, et. al.," Sleep duration during weekdays affects hippocampal gray matter volume in healthy children" NeuroImage, Vol.60(1), p.471–475, 2012

習慣14　モノより体験に投資しよう！ 162

*1　体験への投資は主観的幸福度を高める／Howell, R. T., & Hill, G. (2009). The mediators of experiential purchases: Determining the impact of psychological needs satisfaction and social comparison. The Journal of Positive Psychology, 4(6), 511–522／Yamaguchi, et. al. (2016). Experiential purchases and prosocial spending promote happiness by enhancing social relationships. Journal of Positive Psychology, 11(5), 480-488／Rosenbaum, M. S. (2008). Return on Community for Consumers and Service Establishments. Journal of Service Research, 11(2), 179-196
*2　課外活動をする子どもほど、大人になってから学習意欲が旺盛／Mahoney J.L., Lord H., Carryl E., "An ecological analysis of after-school program participation and the development of academic performance and motivational attributes for disadvantaged children." Child Dev., 2005, Vol.76(4), p.811-25
*3　自尊心の低い子どもほど、物質主義の傾向（8歳～18歳が対象）／Lan Nguyen Chaplin & Deborah Roedder John, "Differences in Materialism in Children and Adolescents" Journal of Consumer Research, Vol.34(4), p.480–493, 2007
*4　「おもちゃの数が16個」よりも「おもちゃの数が4個」の幼児のほうが1つのおもちゃで遊ぶ時間が2倍になり（集中力が高く）、遊び方もレパートリーが増え、創造性が高い／Dauch C., et. al. "The influence of the number of toys in the environment on toddlers' play", Infant Behav. Dev. 2018, Vol.50, p.78-87

習慣15　忙しい朝こそ音楽を！ 172

*1 音楽は快感物質であるドーパミンを分泌させて幸福度を高めたり、ストレスを軽減させる効果／Mona Lisa Chanda & Daniel J.Levitin, "The neurochemistry of music" Trends in Cognitive Science, Vol.17(4), p.179-93, 2013
*2　どんな音楽を聴くかで絵の印象が変化する／H. KOGA, "The effect of mood induction of music patterns on the impression rating of a picture Journal of Music Perception and Congnition Vol .12,Nos .1&2 ,25-35, (2006)／谷口高士（1995）.音楽聴取によって生じる気分と絵画の印象評定.大阪学院大学人文自然論叢, 31, 61-6
*3　音楽の嗜好はそのときの心理状態などに影響を受ける／Zillmann, D., & Gan, S.-l. (1997). Musical taste in adolescence. In D. J. Hargreaves & A. C. North (Eds.), The social psychology of music (pp. 161–187). Oxford University Press
*4　音楽は体の痛みを軽減する / Valevicius D, Lépine Lopez A, Diushekeeva A, Lee AC, Roy M. Emotional responses to favorite and relaxing music predict music-induced hypoalgesia. Front Pain Res (Lausanne). 2023 Oct 25;4:1210572.Đ_
*5　悲しい気分のときは、悲しい曲を聴くとストレスが軽減される／Gibson, R., Aust, C. F., Hoffman, K., & Zillmann, D. 1995 Implications of adolescent loneliness for the enjoyment of love-lamenting and love- celebrating popular music. Paper presented at the annual convention of the Speech Communication Association, San Antonio , TX, November/ 松本じゅん子, "音楽の気分誘導効果に関する実証的研究　人

はなぜ悲しい音楽を聴くのか" 教育心理学研究、2002 年 50 巻 1 号 p. 23-32
*6 テンポの遅いBGMを流すと食事をとる速度が遅くなる／Ronald E. Milliman (1986),"The Influence of Background Music on the Behavior of Restaurant Patrons,"Journal of Consumer Research, Vol.13, No.2,pp.286-289
*7 テンポの遅いBGMを流す方が、テンポの速いBGMを流すよりも、移動速度が17％遅くなる／Ronald E. Milliman (1982),"Using Background Music to Affect the Behavior of Supermarket Shoppers,"The Journal of Marketing, Vol.46, No.3, pp.86-91
*8 HKテスト：Cameron Ponitz, C. E., McClelland, M. M., Jewkes, A. M., Connor, C. M., Farris, C. L., & Morrison, F. J. (2008). Touch your toes! Developing a direct measure of behavioral regulation in early childhood. Early Childhood Research Quarterly, 23(2), 141-158.
*9 9ヶ月の赤ちゃんに音楽に触れさせると「会話に関する脳の部位」の成長を促進する／Zhao, T.C. & Kuhl, P.K., "Musical intervention enhances infants' neural processing of temporal structure in music and speech" Proc. Natl. Acad. Sci. USA., Vol.113(19), p.5212-7, 2016
*10 音楽を聞き取る能力が高い4～5才の子どもは、言語能力が高い子が多い／Anvari S.H., et. al., "Relations among musical skills, phonological processing, and early reading ability in preschool children". Journal of Experimental Child Psychology, Vol.83, p.111-130, 2002

習慣16 かわいい子にはお手伝いをさせよう！ 184

*1 3～4歳の時期にお手伝いを始めていた子どもは、10代でお手伝いを始めた子どもやお手伝いを全くしなかった子どもに比べて、「成績がよく」「仕事で成功しやすく」「家族や友人との関係が良好で」「自分のことは自分でできる」／"INVOLVING CHILDREN IN HOUSEHOLD TASKS: IS IT WORTH THE EFFORT? "Sep.2002, publicshed by University of Minnesota, http://ghk.h-cdn.co/assets/cm/15/12/55071e0298a05_-_Involving-children-in-household-tasks-U-of-M.pdf
*2 子どもの頃にお手伝いをする子どもほど、大人になってから精神的な健康レベルが高い／Vaillant G.E.,& Vaillant C.O.," Natural history of male psychological health, X: Work as a predictor of positive mental health" Am. J. Psychiatry. 1981, Vol.138(11), p.1433-40.
*3 一緒に料理をすると、向社会性が高まる／藤原武雄「子育てのエビデンス」大修館書店p.166
*4 最後に「でも、それはあなたの自由です (But you are free)」と添えるだけで、行動の確率が2倍も高まる／Christopher J. Carpenter A Meta-Analysis of the Effectiveness of the "But You Are Free" Compliance-Gaining Technique ",Communication Studies,Vol.64(1),p.6–17,2013

習慣17 目の前の我が子をしっかり見つめよう！ 194

*1 Eを書く方向で自己中心性バイアスの強さがわかる／西剛志著「結局どうすれば伝わるのか？」アスコム、2025年2月 Galinsky, A. D., et. al.（2006）. Power and perspectives not taken. Psychological Science, 17（12）, 1068-1074.
*2 女性より男性のほうが自己中心性バイアスが強い／ Tanaka, K., "Egocentric bias in perceived fairness: Is it observed in Japan?" Social Justice Research, 1993, Vol.6（3）, p.273-285
*3 女性は我が子に自己中心的になりやすい／ Kirsch, L.P., Tanzer, M., Filippetti, M.L. et al. Mothers are more egocentric towards their own child's bodily feelings. Commun Psychol 1, 42 (2023)
*4 比較された子どもは内発的動機が下がってしまう／Corpus, J. H., et. al. (2006). The effects of social-comparison versus mastery praise on children's intrinsic motivation. Motivation and Emotion, 30(4), 335–345.
*5 前頭前野が成熟するのは25～30歳／JN. Giedd, "The Amazing Teen Brain", 2015（日経サイエンス2016年3月号）
*6 4月生まれの子は、翌年3月生まれの子よりも小学校4年生時点の算数と国語の成績が高い／Yamaguchi, Shintaro, Hirotake Ito, and Makiko Nakamuro, 2023. "Month-of-birth effects on skills and skill formation," Labour Economics, Volume 84 (2023)
*7 イギリス、アイスランド、ノルウェーでも生まれ月による学力の差が小学校4年生時点で認められている／Kelly Bedard & Elizabeth Dhuey, 2006. "The Persistence of Early Childhood Maturity: International Evidence of Long-Run Age Effects," The Quarterly Journal of Economics, President and Fellows of Harvard College, vol. 121(4), pages 1437-1472
*8 結果が得られることを期待したときドーパミンは放出される／Lerner TN, Holloway AL, Seiler JL. Dopamine, Updated: Reward Prediction Error and Beyond. Curr Opin Neurobiol. 2021 Apr;67:123-130／Anselme P. & Robinson MJ. "What motivates gambling behavior? Insight into dopamine's role" Front. Behav. Neurosci. 2013, Vol.7:182
*9 小さな目標は前頭前野の前方を活性化／Hosoda C., et. al., "Plastic frontal pole cortex structure related to individual persistence for goal achievement", Commun. Biol., 2020, Vol.3（1）:194
*10 ゴールに近づいているときに幸福感を感じるエンダウド・プログレス効果／ Zhang, Y.,& Huang, S.-C. "How endowed versus earned progress affects consumer goal commitment and motivation", Journal of Consumer Research, 2010,Vol.37（4）, p.641–654
*11 睡眠不足は前頭前野に作用してイライラしやすくなる／Roy F. Baumeister, "Willpower: Rediscovering the Greatest Human Strength" Penguin Books; 1 edition／ C.M. Barnes, et. al., "Lack of sleep and unethical conduct", Organizational Behavior and Human Decision Processes, Vol.115, p.169-180, 2011
*12 コーヒーの香りは人を優しくする効果／ Baron RA. "The sweet smell of helping: Effects of pleasant ambient fragrance on prosocial behavior in shopping malls" Personality and Social Psychology Bulletin, 1997, Vol.23（5）, p.498-503
*13 コーヒーとオレンジの 香りは数 独のストレスを優位に下げる／ Sakai N. " Effects of chemical senses on easing mental stress induced by solving puzzles", The Japanese Journal of Research on Emotions,2009, Vol.17（2）, p.112-119

著者紹介

西剛志（にし・たけゆき）

脳科学者。

1975年生まれ。東京工業大学（現・東京科学大学）大学院生命情報専攻卒。博士号を取得後、特許庁を経て、2008年にうまくいく人とそうでない人の違いを研究する会社を設立。世界的に成功している人たちの脳科学的なノウハウや、才能を引き出す方法を展開し、全国の200以上の幼稚園や教育機関の現場に携わり、これまで３万人以上に講演会を提供。テレビなどの各種メディア出演も多数。著書は『結局、どうしたら伝わるのか？ 脳科学が導き出した本当に伝わるコツ』（アスコム）、『１万人の才能を引き出してきた脳科学者が教える「やりたいこと」の見つけ方』（PHP研究所）など、海外も含めて42万部を突破。

公式サイト：https://nishi-takeyuki.com

漫画家紹介

アベナオミ

宮城県多賀城市出身のイラストレーター。

日本デザイナー芸術学院仙台校でイラストを学び、2008年からイラストレーターとして活動している。現在は３児の母、仙台を拠点に執筆活動中。2011年東日本大震災で被災し、小さな子どもとの被災経験を子育て世代に伝える活動がライフワーク。防災士の資格を取得し防災セミナー講師の他、著書に『マンガでわかる防災のトリセツ』（マイナビ出版）、『被災ママに学ぶ小さな防災アイディア40』（Gakken）など多数。

脳科学的《のうかがくてき》に正《ただ》しい！
子《こ》どもの非認知能力《ひにんちのうりょく》を育《そだ》てる17の習慣《しゅうかん》 〈検印省略〉

2025年 3 月 27 日 第 1 刷発行
2025年 7 月 18 日 第 2 刷発行

著 者――西 剛志（にし・たけゆき）
漫 画――アベ ナオミ
発行者――田賀井 弘毅

発行所――株式会社あさ出版
〒171-0022 東京都豊島区南池袋 2-9-9 第一池袋ホワイトビル 6F
電 話 03 (3983) 3225 (販売)
03 (3983) 3227 (編集)
F A X 03 (3983) 3226
U R L http://www.asa21.com/
E-mail info@asa21.com
印刷・製本 (株) 光邦

note http://note.com/asapublishing/
facebook http://www.facebook.com/asapublishing
X https://x.com/asapublishing

©Takeyuki Nishi, Naomi Abe 2025 Printed in Japan
ISBN978-4-86667-743-9 C0037

本書を無断で複写複製（電子化を含む）することは、著作権法上の例外を除き、禁じられています。また、本書を代行業者等の第三者に依頼してスキャンやデジタル化することは、たとえ個人や家庭内の利用であっても一切認められていません。乱丁本・落丁本はお取替え致します。